«SAGGI»

FLAVIO BRIATORE
con CARMELO ABBATE

SULLA RICCHEZZA

Sperling & Kupfer

Realizzazione editoriale a cura di Studio Editoriale Littera.

SULLA RICCHEZZA

ISBN 978-88-200-6213-2

I Edizione aprile 2017

Anno 2017-2018-2019 - Edizione 1 2 3 4 5 6 7 8 9 10

Quando un italiano vede passare una macchina di lusso, il suo primo stimolo non è averne una anche lui, ma tagliarle le gomme.

Indro Montanelli

Indice

Diciamoci la verità

CHE Paese, l'Italia.

Dall'alto di un'arroganza intellettuale diffusa, che deriva da un patrimonio storico, artistico, paesaggistico unico al mondo, si permette la sciccheria di sbattere la porta in faccia ai ricchi e di sdegnare la ricchezza. Ma intanto si arrabatta nella povertà.

Un Paese arroccato sulla vetta di una presunta superiorità culturale, dall'alto della quale ama guardare il mondo. Così, finisce per etichettare come cafoni tutti quelli che hanno denaro da spendere e desiderano con quel denaro godersi l'esistenza.

Neanche si accorge di quei milionari che non amano l'ostentazione ma preferiscono la discrezione, che quando si mettono in viaggio, per lavoro o per diletto, chiedono soprattutto riservatezza, privacy e servizi impeccabili. Persone la cui sobrietà è pari all'eccezionale capacità di spesa.

No, al Paese-Italia piace immaginare tutti i ricchi come zoticoni, grossolani e maleducati. Così, indaffarati a polemizzare e generalizzare, ce li lasciamo sciaguratamente scappare. Loro girano alla larga, e qui si corre in tabaccheria a comprare il biglietto del SuperEnalotto. Perché, in fondo, tanto sprezzo per i ricchi nasce dal sogno di vivere esattamente come loro.

Purtroppo, come i ricchi sanno bene, le lotterie istantanee, che vendono il miraggio della fortuna come fosse la navicella spaziale che conduce al pianeta del benessere, sono soltanto strumenti di ulteriore impoverimento ai danni di chi già fa fatica ad arrivare alla fine del mese.

La navicella non parte, il pianeta non si vede. Non arrivano soldi, ma delusione e rabbia. Così, non rimane che sfogare le proprie frustrazioni su quei privilegiati che hanno un'unica colpa, ma imperdonabile: la ricchezza. Ignorando, o facendo finta di non sapere, che molto spesso dietro un patrimonio accumulato ci sono idee, coraggio, capacità manageriali o imprenditoriali, fatica, dedizione, sacrifici.

Sono tutti cafoni perché così vengono immortalati e rappresentati dalle riviste di gossip. Il Paese-Italia rigetta i ricchi che viaggiano, pretendono, si divertono, spendono. Si sente diverso, migliore.

Il Paese-Italia non si inchinerà mai a Fahd al-Saud,

come hanno fatto quelli di EuroDisney. Il principe saudita, di cui è celebre la passione per Paperino e Topolino, ha pensato bene di organizzare la sua festa di laurea con una sessantina di invitati dentro il parco parigino della Disney. E quegli impuri dei francesi cos'hanno fatto? Gli hanno organizzato l'evento a titolo privato. In sostanza hanno concesso una sorta di «privatizzazione del parco», ovvero spazi e attrazioni inaccessibili ai normali visitatori ma riservati solo ed esclusivamente a lui e ai suoi ospiti, guardati a vista da un servizio di sorveglianza privato che si è affiancato a quello ordinario. Tutto questo per la durata di tre giorni, nel corso dei quali alcuni spettacoli sono stati adattati e rivisitati sulla base delle indicazioni fornite dallo stesso principe, che ha riscritto personalmente alcune sceneggiature.

Conto finale: 15 milioni di euro, pagati sull'unghia. Per la gioia dei gestori di EuroDisney, che faticano a far quadrare i conti di un parco che attira in media 16 milioni di visitatori ogni anno ma non realizza facilmente ingenti profitti.

Ma è un peccato mortale per i guardiani della purezza della forma.

Il Paese-Italia non si inchinerà mai a Roman Abramovič e alla sua eccezionale capacità di spesa, anche solo per una semplice cena. Al ristorante *Nello* di New York, tende blu, verdi e rosse in Madison Avenue, tra la Sessantaduesima e la Sessantatreesima strada, ancora si ricordano quando il magnate russo arrivò in compagnia di sei amici. Spaghetti mare e monti, cotoletta alla milanese, parmigiano, prosciutto e mozzarella, minestrone, tre tagliolini con tartufo, cinque bottiglie di vino francese, due magnum di champagne. Totale: 47.221,9 dollari. Abramovič lasciò anche 5 mila dollari di mancia, per la gioia di tutto il personale del ristorante.

Ma il Paese-Italia non ama le persone di quel tipo, non vuole strade infestate da gente che per un giro di shopping in centro mette in conto pure un migliaio di euro di multe tra parcheggi e telecamere. Non vuole i soldi della cantante Rihanna e del suo amico rapper Drake. E non vuole neppure i locali per adulti come il *V Live Houston*, famoso club frequentato dall'altro milionario precoce Justin Bieber, dove in una sera l'accoppiata Rihanna-Drake ha speso 17 mila dollari fra consumazioni e mance.

Il Paese-Italia non si piega al consumismo sfrenato.

Motivo per cui, se nel bel mezzo della sciagurata vicenda dei due marò pugliesi trattenuti in India, due indiani vogliono venire a coronare il sogno di un matrimonio da favola proprio a casa tua, non puoi far finta di nulla. L'onore non ha prezzo.

Rohan Metha e Ritika Agarwal, figlia di un magnate

produttore di ferro, hanno scelto Fasano, in Puglia, e organizzato in ogni dettaglio le loro nozze. Scenografie in stile Bollywood, ballerini, damigelle, effetti speciali, elefanti. Budget previsto: 10 milioni di dollari, limite assolutamente derogabile.

Quattro banchetti nuziali in location letteralmente ricoperte di fiori fatti venire apposta dall'Olanda, per i quali pare siano stati spesi circa 750 mila euro. Partecipazioni con opuscoletto ripiegato a fisarmonica a forma di libro con la copertina bagnata in oro zecchino per gli ottocento invitati, arrivati via Londra con una ventina di jet privati.

L'invito in oro era stato recapitato anche al sindaco di Fasano, che subito ha fatto sapere di aver rifiutato. Non per innalzare il suo grido di battaglia contro gli indiani, ma per un insormontabile, italianissimo cavillo burocratico: la sospensione amministrativa a cui era sottoposto, che limitava le sue funzioni di rappresentanza.

Viva la burocrazia italiana, altrimenti ci si troverebbe nell'imbarazzante posizione di dover prendere decisioni che producono conseguenze.

Povero sindaco – che poi, a quanto pare, a quel matrimonio c'è pure andato –, come dargli torto? Quelle nozze faraoniche erano qualcosa di mai visto prima. Per di più in piena bagarre internazionale. Apriti cielo. Sono partite le contestazioni ed è nato pure un gruppo Facebook per chiedere espressamente: «nessun amministratore fasanese al matrimonio indiano», perché «non possiamo tollerare che amministratori o detentori di cariche istituzionali fasanesi disonorino l'Italia partecipando al matrimonio e che Fasano si genufletta ai plutocrati di una nazione che tiene in ostaggio due nostri connazionali da oltre due anni in spregio al diritto internazionale». Una questione d'onore e di sdegno civile, insomma.

Morale, il questore ha dovuto predisporre un piano straordinario di sicurezza per proteggere da eventuali proteste o azioni dimostrative i due sposini. Indiani, e soprattutto: imperdonabilmente ricchi.

Il Sud sprofonda tra mance, sprechi e voglia di fuga

Il Sud Italia che pensa di poter fare a meno dei capricci dei ricchi è un pezzo importante del nostro Paese. Eppure, nonostante i segnali di ripresa dovuti alla buona annata del settore agricolo, alla fine del 2015 conta dieci abitanti su cento che vivono in condizioni di povertà assoluta. Cioè che non hanno accesso a beni primari per la sopravvivenza come cibo, acqua, medicinali, vestiti, alloggio, o che riescono a procurarseli con estrema difficoltà. Ma anche non considerando questi casi estremi, al Sud una persona su tre è a rischio povertà: quasi il 42 per cento in Sicilia, il 37 in Campania.

Se evito di cantare vittoria davanti a ogni piccolo avanzamento del prodotto interno lordo del Mezzogiorno, non è perché mi piacciano i catastrofismi. Sono realista e preferisco inquadrare i dati in un contesto più ampio.

Nel 2000 il Pil per abitante del Sud Italia era il 56,2 per cento: quasi la metà, rispetto alla media nazionale. Quindici anni dopo, il divario si è ridotto soltanto di un misero 0,3 per cento. Risultato: un abitante del Trentino-Alto Adige, la regione più ricca della Penisola, registra un Pil pro capite di 37 mila 561 euro, più del doppio di quello della regione più povera, la Calabria, con 16 mila 659 euro pro capite.

Detto in soldoni, nel Mezzogiorno oltre il 18 per cento delle famiglie incontra difficoltà nell'approvvigionamento idrico e non riesce ad agganciare il treno diretto a nord, verso l'Eurozona, dove il tasso di occupazione aumenta di 8 decimi di punto e si attesta al 69 per cento. Le regioni del Centro Nord fanno segnare un 68 per cento, mentre in Campania l'occupazione scende al 46 per cento: circa 24 punti in meno rispetto a Vienna e Berlino. Esattamente dove finiscono quelli che scappano con voli low cost o su treni sgangherati. Negli ultimi vent'anni il Sud ha perso 1 milione 113 mila persone, la maggior parte delle quali concentrate nella fascia d'età produttiva, ovvero fra i 25 e i 34 anni. Una perdita grave, pari a quella di 2 mila bambini nella fascia d'età 0-4, che sono partiti al seguito dei genitori.

A completare il quadro, le statistiche demografiche segnalano per il 2014 soltanto 174 mila nascite al Sud, minimo storico registrato l'ultima volta più di centocinquant'anni fa. Con un tasso di fecondità sceso fino a 1,31 figli per donna, ben lontano dai 2,1 necessari a garantire una continuità demografica, e con la prospettiva della partenza di almeno 4 milioni 200 mila persone nei prossimi cinquant'anni, ecco che appare evidente il rischio desertificazione per tutto il Mezzogiorno d'Italia.

Partono soprattutto i giovani, quelli più qualificati e dinamici. Almeno il 25 per cento degli emigrati possiede una laurea. In Puglia e in Abruzzo i laureati che se ne vanno sono il 32 per cento.

Se ne vanno i migliori per non tornare più. Rimangono i più scarsi: quelli che non riescono a staccarsi dalla mamma, quelli che non fanno niente, quelli che tirano a campare con un assegno di disoccupazione o una pensione di invalidità in famiglia.

Come nel caso degli operai forestali siciliani e calabresi, una farsa che si trascina da una quarantina d'anni con un incommensurabile spreco di denaro pubblico. Soldi distribuiti a pioggia a un esercito di rassegnati secondo i quali, però, è tutta colpa della politica che aveva promesso loro mari e monti e invece li ha ridotti in schiavitù sussidiata.

Intanto i boschi continuano a bruciare, e con loro vanno in fumo miliardi di soldi pubblici. Soldi che vengono prelevati dalle tasche delle imprese che producono ricchezza e dei cittadini che pagano le tasse. I quali, con quei soldi, potrebbero e dovrebbero godersi la vita: un fine settimana al mare o in montagna, una vacanza con i figli, un viaggio, una macchina. Qualsiasi cosa sarebbe certamente più sana, sia per loro sia per il sistema Paese. Invece no, si preferisce continuare a riversare cascate di denaro su sacche improduttive di popolazione.

Un impasto di cattiva politica, sprechi e clientelismo ha trasformato quello che poteva e doveva essere un lavoro dignitoso in puro assistenzialismo parassitario. E ha finito per distruggere le ambizioni e le vite di generazioni di meridionali. Oggi si fa prima a parlare di pensioni che di stipendi. E mai come in questo guazzabuglio si fa fatica a trovare un colpevole per presentargli il conto.

Se si parte alla ricerca di un responsabile, si finisce per rimanere sopraffatti dallo sconforto.

Ma quale azienda non dico privata, ma gestita con un minimo livello di managerialità, potrebbe mai permettersi di sostenere un modello di business come questo? Soltanto una dotata di potere coercitivo nel reperire soldi da milioni di finanziatori loro malgrado e che non possono fare altro che alzare le braccia mentre un pubblico ufficiale gli infila le mani in tasca alla ricerca del portafogli.

In un contesto simile, cosa deve fare un giovane bravo e capace, che ha studiato e non vuole passare il resto dei suoi giorni come un'ameba che aspetta la manna dal cielo? Prende quelle quattro cose che gli sono rimaste, prepara le valigie, corre alla stazione e salta sul primo treno diretto al Nord, qualunque sia la destinazione. E state certi che non ne vorrà mai più sapere di tornare indietro.

Soltanto in Sicilia, nel 2015, circa 10 mila giovani hanno trasferito la residenza all'estero. Il quotidiano *La Sicilia* ogni lunedì racconta le loro storie: dal laureato di un paesino in provincia di Catania diventato un importante manager nel Regno Unito al messinese arrivato in Francia dopo gli studi e oggi vicepreside della Sorbona, fino al chirurgo che brevetta i test anticancro in Canada.

Nelle classifiche europee sull'occupazione giovanile, il Sud si colloca in fondo a tutte le graduatorie. A partire dal 2000 si contano 3 milioni 300 mila occupati che hanno perso il posto di lavoro. Posto che appare come un miraggio per diplomati e laureati, costretti, come si è visto, a fuggire. Quelli che restano sono portati ad accettare un declassamento delle loro competenze professionali per mano di imprenditori dotati di un basso livello di istruzione e con una scarsa propensione alla ricerca e all'innovazione. Il numero totale degli occupati è sceso sotto la soglia psicologica dei 6 milioni, il livello più basso a partire dal 1977, anno dal quale sono disponibili le serie storiche dell'Istat. Cresce l'occupazione femminile, ma soltanto per le lavoratrici straniere nel settore dei servizi alla persona, mentre il 33 per cento delle madri è stato costretto a lasciare il lavoro perché non riusciva a conciliarlo con la vita familiare.

Vogliamo dunque prenderci in giro per un decimale o per mezzo punto di prodotto interno lordo? Oppure è finalmente arrivato il tempo di guardare in faccia la realtà?

La verità è che nella più totale indifferenza degli italiani e della classe politica, con la complicità colpevole degli stessi meridionali e delle loro rappresentanze parlamentari tragicamente inadeguate, il Mezzogiorno è arrivato sull'orlo del precipizio.

A dispetto della buona performance registrata dall'agricoltura nell'ultimo anno, i dati sull'andamento degli altri settori, dai trasporti all'industria fino alle costruzioni, evidenziano un palese regresso per molti versi simile a quello della Grecia e di tutta la periferia meridionale dell'Eurozona.

Ma a criticare, a dire le cose come stanno, si corre il rischio di essere additati come nemici. Purtroppo l'opinione pubblica meridionale sembra priva di qualsiasi impulso costruttivo e incapace di assumersi la sua parte di responsabilità.

Perché non può essere sempre colpa degli altri. Perché non è colpa dei milanesi con la puzza sotto il naso se nel Sud Italia non si riesce a suscitare un dibattito forte che scuota il suo corpo sociale dallo stato comatoso in cui vegeta.

Dove sono i leader moderni capaci di dar voce a nuove iniziative di mobilitazione e, allo stesso tempo, di scuotere una società civile apatica, rassegnata, svuotata di energie vitali?

Le uniche voci che si levano dal deserto sono tese a chiedere fondi e finanziamenti che, nella maggior parte dei casi, si risolvono nelle solite mance di clientelare memoria. Oppure in giganteschi sperperi di denaro pubblico.

Sarà certamente un caso, ma a spulciare il censimento 2015 delle grandi opere incompiute in Italia (che in totale sono 868, per uno spreco complessivo di 4 miliardi di euro e un costo a famiglia stimato in 166 euro), la maglia nera spetta alla Sicilia con 215 infrastrutture non terminate, seguita dalla Calabria con 93 e dalla Puglia con 81. Soldi versati per realizzare dighe progettate c poi abbandonate, porti ultimati e mai utilizzati, strade che non collegano nulla perché lasciate a metà, viadotti inaugurati in pompa magna dopo vent'anni di lavori e chiusi al traffico nel giro di un mese per manutenzione e pericolo crolli, strutture finite e mai aperte a causa di elevati costi di gestione che non si potevano calcolare prima.

Affari, affarismo, politica incapace di decidere, burocrazia ottusa. E interessi di pochi che prevalgono su quelli della collettività. Così succede che ti ritrovi un migliaio di autisti in più per guidare le 256 ambulanze del 118 siciliano. Oppure che il commissario straordinario nominato dal governo nazionale per riorganizzare la sanità calabrese non riesca neppure ad accertare l'esatta entità del debito contratto negli anni dall'azienda sanitaria provinciale di Reggio Calabria.

Anche questo è il Sud. Un pezzo di Paese che, per completare un'autostrada i cui lavori sono iniziati nel 1962, alla fine è stato costretto a schierare i soldati con i mitra e i giubbotti antiproiettile a protezione dei cantieri.

Ci fossero soltanto il buono da una parte e il cattivo dall'altra, due entità ben definite, distinte come il bianco e il nero, sarebbe tutto più facile. Purtroppo esiste una zona grigia che rende le cose difficili. E non c'è persona in Sicilia o in Calabria che, volendo fare impresa o portare avanti un'attività politica o sindacale, non sia quotidianamente esposta al pericolo di contatto con la zona grigia. Ed è altamente probabile che finisca per essere oggetto di richieste, pressioni, ricatti, minacce, violenze.

«Vorrei ma non posso, e perché non posso alla fine non l'ho capito neppure io»: è questa la solfa che accompagna ogni tentativo di dotare il Mezzogiorno delle infrastrutture necessarie allo sviluppo dell'economia.

Ma a dire che al Sud non si muove foglia si finirebbe per fare un torto a coloro che, nonostante tutto, non si danno per vinti e ci provano. Come Michele Iorio, l'ex presidente del Molise, un politico troppo visionario per essere compreso dai suoi contemporanei.

Sfruttando i finanziamenti pubblici stanziati dal governo per la ricostruzione post terremoto del 2002 e post alluvione del 2003, l'allora presidente della regione dirottò 8 milioni su un progetto dal futuribile titolo di Termoli Jet.

Pensate che si trattasse di un banale aereo? Sbagliato. Iorio comprò un catamarano. Proprio così: una nave favolosa che, nella sua immaginazione, avrebbe imbarcato a bordo i sogni di un'intera regione per salpare verso acque profonde.

«Il Termoli Jet da solo rilancerà il turismo e farà del

Molise una delle regioni più ricche di tutto il Mezzogiorno», raccontava Iorio per incantare una platea di imprenditori locali, allettati dall'idea dell'apertura di un corridoio d'affari con la Croazia e – perché no? – della conquista del mercato dei pellegrini diretti a Medjugorje.

Non c'era tempo da perdere in cavilli burocratici e labirinti amministrativi, pensò Iorio. Bisognava fare in fretta per cavalcare l'onda verso i Balcani. Motivo per cui il presidente della regione tralasciò il piccolo dettaglio della gara pubblica per l'acquisto del catamarano e si rivolse direttamente a una società privata.

Nel 2010 Iorio portò i giornalisti molisani davanti alla meraviglia che doveva salpare alla conquista della nuova America, si fece immortalare accanto all'ambasciatore croato Tomislav Vidošević in visita ufficiale e annunciò solennemente «la concretizzazione di un preciso progetto teso ad allacciare stabilmente i rapporti tra il Molise e l'altra sponda dell'Adriatico al fine di sviluppare un fruttuoso rapporto commerciale, turistico e culturale».

Passò qualche anno: il catamarano era ancora fermo in porto, e questa volta Iorio dovette ripiegare su un più prosaico «abbiamo qualche problema di carattere burocratico-amministrativo». Che poi altro non era che il processo per l'assegnazione privata senza gara pubblica.

Ne fece le spese il povero catamarano, che finì all'asta. Una prima volta con un prezzo di partenza di 2 milioni 216 mila euro, circa un quarto della cifra pagata dalla regione, che non trovò nessuna offerta. E anche l'asta successiva, con una base di partenza di 1 milione 883 mila euro, andò deserta.

Il catamarano è stato a lungo lì, al porto di Termoli. I costi di manutenzione a carico del contribuente.

Nel marzo 2017 è partito per la Corea: 1 milione 600 mila euro il prezzo d'asta. Un grande sogno finito in una bagnarola.

Siamo in braghe di tela, ma i ricchi non li vogliamo

Voglio essere chiaro. Non intendo generalizzare e sostenere che il Mezzogiorno d'Italia sia un ricettacolo di mascalzoni.

Il Sud è una sorgente inesauribile di talenti, energie, intelligenza.

Ma perché gli abitanti devono essere costretti a scappare per andare ad arricchire altri, in altre parti del mondo, quando sotto il loro naso c'è in abbondanza tutto ciò che serve per sviluppare progetti e visioni e per vivere nell'agio e nella ricchezza?

Visto che la situazione generale dell'Italia, e del Sud in particolare, è da ultima spiaggia, bisogna avere il coraggio di guardare in faccia la realtà. Non ci si può permettere il lusso di far finta che tutto vada bene, di continuare con la solita nenia: siamo il Paese più bello del mondo, la Puglia dei trulli e degli ulivi è unica, in nessun altro posto sulla Terra esiste una tale concentrazione di storia, arte, architettura e cultura come in Sicilia...

È vero. Ma se non riesci a sfruttare le risorse che ti hanno lasciato fai la fine di quei quattro ubriaconi al bar che se la raccontano mentre gli altri attorno ridono. Loro vanno avanti con le frottole e non si accorgono che sono rimasti soli.

Qualcuno ricorderà le mie parole durante un incontro con imprenditori e politici pugliesi a Otranto. Le voglio ripetere e rileggere insieme a voi. Avevo detto che nel mondo ci sono persone che spendono anche 10, 20, 30 mila euro al giorno, quando vanno in vacanza.

Questo è un dato di fatto, non un giudizio. Vi potranno stare antipatici, potrete considerarli immorali o chiedervi come sia possibile spendere tutti quei soldi in un solo giorno. Ma rimane il fatto che migliaia di persone in tutto il mondo spendono quelle cifre per godersi dei meritati momenti di riposo.

E allora facciamoci una domanda: visto che siamo ridotti in braghe di tela e non abbiamo più nemmeno le lacrime per piangere, i soldi che queste persone lasciano sul territorio durante le loro vacanze potrebbero esserci utili o no?

Io dico di sì.

Ma torniamo al mio discorso di Otranto. Ho detto

che a questi turisti non bastano cascine e masserie, prati e scogliere. Io so bene come ragiona chi ha molti soldi: vuole tutto e subito. Questi turisti cercano hotel extralusso sul mare, porti per i loro yacht, servizi impeccabili e tanto divertimento.

Apriti cielo. Già in sala si è fatta sentire la voce di autorevoli contestatori. L'assessore regionale alle attività produttive, per esempio, ci ha tenuto a far sapere a tutti che non avrebbe autorizzato la costruzione di altre strutture sul mare.

Della serie, niente alberghi di lusso. Peccato che io non avessi mai parlato di hotel galleggianti sull'acqua o da erigere sopra gli scogli.

Ma andiamo avanti, perché questa vicenda ci aiuta a capire i motivi per cui il nostro Paese è destinato ad affondare se non cambia completamente rotta. E timonieri.

Durante quell'incontro, io non ho soltanto parlato: ho anche ascoltato le lamentele degli imprenditori e dei sindaci di Lecce e Otranto sul turismo mordi e fuggi che non lascia ricchezza sul territorio ma ulteriori spese per rimuovere i rifiuti abbandonati lungo le strade o sulle spiagge.

Ecco perché ho spiegato che, per superare questi problemi e sfruttare al meglio le risorse a disposizione, bisogna alzare l'asticella. La Puglia deve migliorare la qualità del turista.

E come si fa a migliorare la qualità del turista? Andando in giro per il mondo a dire «Venite da noi che siamo simpatici, accoglienti, abbiamo il mare, gli ulivi, i trulli e luoghi incantevoli dove il tempo pare essersi fermato»?

Mi spiace, ma non funziona così. Per migliorare la qualità del turista devi avere strutture adeguate a quel tipo di clientela. Il mare e la natura, salvo qualche sparuta eccezione, ti portano soltanto il turismo mordi e fuggi. Quello che, ripeto le parole dei sindaci, non ti lascia denaro ma solo problemi e costi.

Quando parlo di strutture adeguate non intendo soltanto alberghi, ma infrastrutture, strade, porti. Otranto ha impiegato nove anni a ottenere l'autorizzazione per il porto.

Nove interminabili anni! Ci rendiamo conto? Il porto è la prima pietra nella costruzione dell'accoglienza turistica da parte di una località di mare!

Certo, ho ben chiaro quello che mi è stato detto appena arrivato in Puglia, ovvero che il modello di turismo è stato concepito come un bene «esperienziale» in cui i luoghi e le strutture hanno un'identità, un'anima, ritmi lenti, cultura ed enogastronomia.

Ma chi ha mai detto che tutto questo debba essere soppiantato e spazzato via da una colata di cemento? Chi ha mai parlato di un nuovo modello di turismo che spodesta quello preesistente? Chi ha mai sostenuto che le due offerte di accoglienza, per il turista mordi e fuggi e per il ricco, non possano coesistere?

Devono coesistere. Il modello attuale, con gli ulivi e le masserie, è un fatto consolidato e positivo. Nessuno vuole cancellare con un colpo di spugna il «turismo davvero elitario».

Non c'è motivo di avere paura. Sto semplicemente dicendo che non esiste soltanto quel turismo elitario per pochi che non spendono e non lasciano soldi.

Bisogna avere la forza e il coraggio di puntare anche sul turismo in grado di lasciare ricchezza nel territorio. Perché forse a molti sfugge che le principali ricadute economiche sono sul territorio. Intorno al porto di Otranto possono nascere aziende e attività commerciali che creano opportunità, posti di lavoro, indotto.

Di questo si dovrebbe discutere, di come far convivere due modelli di accoglienza che non si escludono assolutamente a vicenda.

Su questi aspetti si dovrebbe concentrare l'attenzione dell'opinione pubblica, non sulle stupidaggini che vengono riportate dai media. I quali, peraltro, nei giorni successivi si sono divertiti a montare la consueta, inutile polemica. Hanno riportato, come se fosse chissà quale notizia, le parole scritte su Facebook da qualche genio della tastiera: «I parassiti milionari che viaggiano e non pagano non ce li vogliamo in Puglia». O hanno ramazzato clic e visualizzazioni riportando sui loro siti web gli sketch di Maurizio Crozza che nei miei panni dice: «In Puglia gli albergatori sono così poveri che rubano gli asciugamani ai clienti, e gli ulivi e il barocco sembrano fatti apposta per attirare il povero. Mentre per attirare il ricco la soluzione è quella di trasferire sul mare gli hotel e le chiese, fino a immaginare addirittura il mare sul mare».

Divertente, certo più del giochino delle contrapposizioni mediatiche, come quella costruita a tavolino con Al Bano, che intervistato da un giornale ha dichiarato: «A noi la nostra terra piace così, le piccole e le grandi realtà turistiche possono coesistere e la Puglia e il Salento possono essere benissimo l'abbecedario di tutti i ceti sociali e di tutte le esigenze». Guarda caso dice le stesse cose che dico io, eppure viene descritto come il difensore della sua terra contro l'invasore Briatore.

Invece meritano un minimo di attenzione le critiche che mi ha rivolto Francesco Caizzi, non foss'altro perché è il presidente di Federalberghi Puglia, e perché mi permettono di spiegare meglio cosa si intende realmente per accoglienza di lusso e offerta turistica capace di trattenere ricchezza nel territorio.

«La Puglia non è Montecarlo, Briatore si rassegni», ha detto Caizzi. «In Puglia abbiamo resort e hotel a cinque stelle armonizzati nel contesto in cui nascono. E non è vero che i ricchi snobbano la nostra regione. L'estate scorsa, tanto per fare un esempio, addirittura Madonna ha trascorso le vacanze a *Borgo Egnazia*, il relais a cinque stelle di Fasano che si è appena aggiudicato il premio come miglior hotel al mondo. La star è rimasta stregata dalle nostre masserie e dalla bellezza dei nostri borghi. Il lusso può anche essere qualcosa di diverso da champagne e discoteche. Il nostro modello di business non prevede di stravolgere l'esistente, ma di valorizzarlo. Chi viene da noi sa che mangerà i piatti della cucina tipica, troverà luoghi densi di storia e visiterà luoghi rimasti incontaminati. Questo significa che non ci si può aspettare un'autostrada a quattro corsie per raggiungere una masseria. È probabile che si dovrà percorrere un tratto di sterrato, ma nessuno ha mai avuto da ridire su questo. Anzi, fa parte del fascino del luogo.»

Ecco, queste parole nascondono il tentativo di respingere ogni proposta di miglioramento identificandola con il mostro dell'autostrada a quattro corsie che deturpa la campagna. O con l'albergo di lusso simile a un grattacielo di cemento fra uno scoglio e la battigia.

Ci sarebbe da sorridere, invece c'è solo da piangere.

Ma c'è un ultimo passaggio del ragionamento del presidente di Federalberghi che merita di essere riportato. Caizzi definisce le mie proposte «un'uscita infelice», figlia di qualche «trovata pubblicitaria». Infine, quasi a voler fornire una giustificazione a chi mi insulta sui social network, dice che le mie parole possono «aver urtato chi non ha grandi disponibilità economiche ma ha diritto come tutti a fare le vacanze».

La Puglia è salva. Chi pensava di sequestrarla, recintarla e impedirne l'accesso ai poveri è stato sconfitto. E poco importa se, nel corso degli anni, politici, imprenditori e rappresentanti di categoria hanno permesso o non hanno impedito la distruzione della risorsa più grande del Sud: il paesaggio. Chiudendo non uno, ma tutti e due gli occhi di fronte allo scempio dell'abusivismo edilizio che ha rovinato le nostre coste innalzando schifosissime costruzioni private, che non servono a nulla se non a ostentare arroganza e malvagità davanti al resto della comunità.

Provate a fare un giro in macchina in Calabria o in Sicilia: il contrasto fra la bellezza del paesaggio e la bruttezza dell'intervento umano vi farà passare la gioia di vivere. Vi chiederete come sia stata possibile una simile vergogna.

Passerete per paesi dove autentici gioielli del passato sono stati circondati da porcherie costruite dagli stessi abitanti, vere e proprie immondizie di cemento quasi sempre lasciate a metà. Troverete facciate non ultimate e tetti dai quali spuntano colonne di ferro lasciate lì, perché un domani ci sarà sempre un figlio che si sposa e magari verrà utile tirare su un appartamento abusivo.

Quello che la gente non capisce è che così facendo non soltanto si distrugge un territorio incantevole, ma si preclude anche una stratosferica occasione di sviluppo economico. Il paesaggio, unito al patrimonio artistico e culturale, avrebbe potuto originare un modello di sviluppo imperniato sul turismo di massa e nello stesso tempo sull'accoglienza di qualità. Invece il territorio ha rappresentato per anni una merce di scambio con la quale sindaci, assessori, amministratori e personaggi senza arte né parte si sono garantiti una carriera politica o permessi per costruire ogni schifezza possibile e immaginabile in cambio di voti, quando non direttamente di soldi.

Questi sono i delinquenti del territorio, che dicono no a qualsiasi iniziativa provenga dall'esterno soltanto per continuare a fare i propri comodi.

Turismo di massa, degrado civile ed economico

Mandati al confino quelli come me, non resta che piegarsi ai guardiani dell'immobilità.

Se l'Italia non vuole il benessere, allora è perfetta così.

Dopotutto, che problema c'è? Dati, studi, indicatori micro- o macroeconomici confermano che va tutto benissimo, che il nostro turismo è sfruttato al massimo delle sue potenzialità, che la nostra economia naviga a gonfie vele. O no?

Abbiamo il più grande numero di luoghi riconosciuti come patrimonio dell'umanità dall'Unesco. Partiamo da qui. Sono 51 siti, ai quali bisogna aggiungere i 2 del Vaticano, e alcune espressioni della nostra cultura immateriale come le marionette del teatro dei Pupi, il canto a tenore sardo, le feste religiose con le processioni del Sud, o il vino dolce Zibibbo di Pantelleria.

Ripeto: 51 più 2 fra chiese, musei, opere d'arte, città,

colline, montagne e pianure. Il Paese-Italia nel suo insieme viene insignito del più alto numero di riconoscimenti al mondo. Un record.

Ma è anche una risorsa sprecata. Fatto 100 quello che il Paese-Italia ricava dai siti Unesco, la Spagna e il Brasile ricavano 130, il Regno Unito e la Germania 180, la Francia 190, la Cina 270.

Questi dati ci dicono che gli italiani non sono in grado di sfruttare a beneficio di tutti ciò che la natura e la storia gli hanno donato. Forse anche perché gli stranieri che arrivano per le vacanze rimangono sempre meno tempo, giusto una toccata e fuga. Nel 2001 restavano una media di 4,1 giorni, nel 2015 sono scesi a 3,6 giorni. Quindi, se prima spendevano 1.035 euro a testa, ora lasciano soltanto 676 euro, il 35 per cento in meno. Secondo Confturismo fanno 38 miliardi di euro che sono venuti a mancare.

Sono 2 miliardi e mezzo l'anno, evaporati in un periodo nel quale le guerre, il terrorismo, le difficoltà nel contesto geopolitico mondiale avrebbero dovuto e potuto favorirci in misura ben maggiore rispetto ai concorrenti europei (e non solo).

Ma il Paese-Italia è rimasto al palo. In Spagna, per esempio, non arrivano molti più stranieri. In Italia sono 50 milioni circa, loro contano un migliaio di persone in più l'anno. Ma se chi va in Spagna si ferma più a lungo e spende di più ci sarà un perché. O è colpa dei turisti che non riescono a cogliere l'anima della proposta commerciale italiana?

Intanto la media del soggiorno in Spagna è di 5,14 giorni contro 3,6, e la spesa è di 959 euro contro 676. Basta fare due calcoli per scoprire che, se in Italia i turisti si fermassero e spendessero quanto in Spagna, il Paese-Italia avrebbe un introito maggiore di 14 miliardi.

Una cifra che, da sola, rappresenta un intero punto di prodotto interno lordo.

Mentre Madrid incassa 49 miliardi di euro dal turismo straniero, la nostra piccola Roma si permette il lusso di rinunciare alle Olimpiadi. E piuttosto che ringraziare il turista e risarcirgli i danni per i disservizi, le buche e i rifiuti, gli fa pagare addirittura una tassa di soggiorno. Alla fine incassa dal turismo la minuzia di 34 miliardi. Parigi, con una spesa media di 914 euro a testa, arriva a 42 miliardi di euro.

Basta fare un giro per Roma e guardarsi intorno, fare due chiacchiere con un turista, osservare le facce dei tassisti, dei commercianti: non ci vuole molto per avvertire la mancanza di energia, di orgoglio, di coinvolgimento collettivo in una sfida comune. Roma oggi è una città inerte.

Perfino il presidente del Censis, Giuseppe De Rita, ha parlato di mediocrità qualitativa nell'offerta dei servizi al turista. Pizzerie, tavolini per strada, folle di portapiatti, alberghetti fioriti quasi d'incanto, bed and breakfast a ogni portone, turisti che si trascinano dietro i loro bagagli da un palazzo all'altro. A prima vista sembra un turismo in grande movimento ed espansione, una straordinaria fonte di ricchezza. Invece, come dice De Rita, che Roma la conosce bene, questo turismo è un fattore di degrado lento e progressivo della vitalità collettiva. Anziché affrontarlo come una sfida a costruire una nuova e più moderna imprenditorialità, viene gestito passivamente, con cinismo, senza alcuna visione. E l'esperienza insegna che, dopo pochi decenni di invasione turistica di massa, le città perdono il proprio vigore. Vedi le involuzioni di Sorrento, Firenze, Venezia.

Bisognerebbe cambiare mentalità, approccio. Ci vorrebbe un gigantesco bagno di umiltà.

Perché mentre si accusa il ricco di superbia e arroganza, non ci si rende conto dei propri difetti. E soprattutto non si scorgono i pericoli, come invece ha ben chiaro la sindaca di Barcellona quando proclama: mai come Venezia!

Il Paese-Italia può anche pensare di essere il più bravo del pianeta, ma qualche colpa dovrà pur averla, se in dieci anni è passato dal primo al diciottesimo posto nella graduatoria dei marchi turistici mondiali Country Brand Index, che viene compilata sulla base delle valutazioni e dei giudizi espressi dagli opinion maker.

Se non fosse ancora abbastanza chiaro, la ripeto così: quanto a offerta turistica, il marchio Italia ha perso tutta la buona reputazione che aveva in passato.

Il Paese-Italia mantiene un certo appeal, il fascino delle bellezze culturali, artistiche e paesaggistiche è sempre forte. Come il richiamo della cucina: i vini, i piatti tipici... Ma chi viene in Italia e si scontra con la realtà dell'offerta turistica rimane deluso. Ecco perché resta pochi giorni, spende poco e dice agli amici di stare alla larga.

Perché se pensi che il turista sia un pollo da spennare, allora non hai proprio capito come cambia e in quale direzione sta andando il mondo. Tanto che, sempre secondo il Country Brand Index, nella classifica specifica relativa al rapporto qualità-prezzo il Paese-Italia è precipitato dal ventottesimo al cinquantasettesimo posto.

Non c'è alcuna consapevolezza di quanto il settore del turismo sia importante ai fini dell'economia e del futuro. Confimpresa ha commissionato a Nielsen una ricerca ben precisa: «Il nostro Paese visto con gli occhi degli altri». La multinazionale, che studia i comportamenti dei consumatori di tutto il mondo, ha interpellato americani, cinesi, russi, giapponesi, inglesi, spagnoli, tedeschi e francesi. Che idea si sono fatti alla luce delle più recenti esperienze? Ben quattro su dieci intervistati si sono detti «per nulla o poco soddisfatti». I più scontenti sono risultati i giapponesi: uno su tre ha lamentato servizi poco efficienti.

Ma arriviamo ai dati che più mi stanno a cuore, perché gli alberghi di lusso, i porti attrezzati, i servizi impeccabili in spiaggia e nei paesi, i collegamenti facili e veloci con gli aeroporti non sono capricci da star, ma rappresentano tanti piccoli fattori che messi insieme possono determinare ricchezza, occupazione, posti di lavoro, benessere per le generazioni future.

Secondo i dati del World Travel and Tourism Council, nel solo 2015 il turismo, con i viaggi, gli alberghi e tutto ciò che gli ruota intorno, ha contribuito con 7 mila 200 miliardi di dollari al prodotto interno lordo mondiale (il 9,8 per cento del Pil del pianeta). E il settore, in crescita da diversi anni, continuerà a galoppare al ritmo di un più 4 per cento l'anno. Tutto ciò si traduce in 284 milioni di posti di lavoro nel mondo.

È chiaro di cosa stiamo parlando? Posti di lavoro, ricchezza, benessere.

Mentre l'Italia, che ha Taormina, Cortina, Portofino, Capri, Sorrento, Courmayeur, le Dolomiti, le Alpi, la

Sicilia, la Sardegna, Santa Maria di Leuca, ricava dal turismo in senso stretto quasi la metà in termini di prodotto interno lordo. Quanto ai posti di lavoro, il Paese-Italia conta 1 milione 119 mila occupati diretti nel settore. Se questa cifra vi sembra alta, sappiate che la Gran Bretagna conta 672 mila occupati in più e che in Germania (nazione certamente ricca di storia, tradizioni, cultura e paesaggi unici come la Foresta Nera) sono addirittura il triplo.

È mai possibile che la Gran Bretagna, che conta meno siti Unesco del solo Mezzogiorno italiano, abbia 672 mila occupati in più nel turismo? E che la Germania conti più di 3 milioni di impiegati nel settore?

Perciò ci vogliamo almeno porre il problema? O pensiamo di essere immuni a ogni forma di autocritica?

È concepibile che nel 2014 il Sud Italia – che da solo ha 18 patrimoni dell'Unesco, ossia più di tutto il Regno Unito – abbia incassato appena 3 miliardi 238 milioni di dollari, contro 45 miliardi 5 milioni di dollari entrati nelle casse britanniche?

Sì, avete letto bene: 45 miliardi di dollari.

È ammissibile un simile spreco di risorse, tanto più in un'area del nostro Paese dove una persona su tre versa in condizioni di povertà?

Si può fare qualcosa, si deve fare qualcosa.

Prima di tutto bisogna smetterla di demonizzare i

ricchi. E capovolgere il modo di pensare e di approcciarsi a chi può portare ricchezza nel territorio.

Partiamo da questa domanda banale: chi crea posti di lavoro? I ricchi, certamente non i poveri. Questo è un dato di fatto.

Quindi, appurato che è meglio per tutti attirare i ricchi, l'altra domanda che ci dobbiamo porre è semplicissima: come si fa?

I ricchi sono abituati a viaggiare in lungo e in largo per il mondo, per lavoro e per piacere. Quando devono scegliere un posto dove andare in vacanza con la moglie, i figli, i parenti o gli amici, non puntano il posto che costa meno degli altri, come fa la maggior parte di coloro che visitano il Sud Italia.

I ricchi che partono per le vacanze cercano l'eccellenza. Vogliono garanzie di servizi impeccabili, cibo buono, spiagge attrezzate, prezzi commisurati alla qualità del trattamento. Guardano dove si trovano gli alberghi della catena che conoscono e che per loro è garanzia di qualità, e decidono di conseguenza.

Ragionano in questo modo: se hanno fatto un *Four Seasons* in quel posto, vuol dire che è una zona all'altezza del *Four Seasons*. Perché non potrebbe esistere un albergo come quello in una zona in cui l'offerta complessiva di servizi fosse scadente.

In Puglia, per esempio, non esiste un *Four Seasons*.

Quando lo faccio notare, i pugliesi mi rispondono sbattendomi in faccia il già citato *Borgo Egnazia*, dove ha soggiornato Madonna.

Perfetto. Non è che in Puglia Madonna si sia sistemata nella pensione *Mariuccia*. Ha, per l'appunto, scelto un albergo di lusso.

Domando: non è che, per caso, se costruiamo altri alberghi come *Borgo Egnazia*, o anche meglio di *Borgo Egnazia*, arriva altra gente del calibro della cantante americana?

Quando mi contestano portando come esempio *Borgo Egnazia*, praticamente mi dimostrano che ho ragione da vendere dicendo che bisogna diversificare l'offerta e attrarre più persone ricche come Madonna, che oggi non vengono perché non abbiamo posti all'altezza delle loro esigenze.

Ho visitato *Borgo Egnazia* e ho parlato con diversi amici che vi hanno soggiornato. È un albergo bellissimo, una struttura spettacolare. Ma fuori di lì, mi hanno riferito gli stessi che ne hanno tessuto le lodi, non c'è nulla. Il deserto.

Passi la vacanza lì dentro, fra la spiaggia e il campo da golf, poi esci per andare direttamente all'aeroporto.

E qui arrivo alla contestazione successiva, cioè allo spauracchio delle strutture da me immaginate che non si armonizzerebbero con il territorio e andrebbero a stravolgere il paesaggio.

Vorrei tranquillizzare tutti. Le grandi società alberghiere hanno le risorse per rivolgersi ai migliori architetti del mondo. E quando investono capitali in operazioni di questa portata, la loro principale preoccupazione è quella di non avere un impatto negativo sull'ambiente e sul paesaggio. Anzi, si cerca sempre di migliorare l'area circostante.

Prendete la Costa Smeralda, in Sardegna. L'ha costruita uno straniero, l'Aga Khan, che è riuscito a realizzare un insediamento turistico unico al mondo. Dalle spiagge non vedi neppure le case. E gli alberghi a cinque stelle, il *Cala di Volpe*, per esempio, o il *Romazzino*, sono totalmente mimetizzati nella macchia sarda, non sono certo un pugno in faccia in un panorama meraviglioso. Sfido chiunque ad affermare il contrario.

E, in ogni caso, voglio dire agli annunciatori di catastrofi che le istituzioni sono perfettamente in grado di valutare se il progetto di una nuova struttura rispetta l'ambiente e il paesaggio. E di concedere le successive approvazioni soltanto in caso positivo.

Anche ipotizzando imprenditori corsari, i mezzi e gli strumenti per controllare e farsi rispettare esistono tutti.

La verità è che dietro tanti cattivi presagi si nasconde

gente che vuole soltanto far vedere che esiste. E lo fa creando ostacoli che finiscono per stroncare quei pochi che hanno una strategia. I sindaci di Lecce e Otranto, per esempio. Sono due amministratori con una certa visione, ma sono costretti a convivere e muoversi tra una miriade di difficoltà.

La verità è che senza infrastrutture il turismo non può decollare. Non basta l'aeroporto di Brindisi, perché ci vuole un'ora e mezza di macchina per arrivare al mare. Il concetto di vicinanza per l'abitante del luogo corrisponde a un'ora, per il turista ricco a dieci minuti.

Quelli che vanno in Costa Azzurra atterrano a Nizza, in un quarto d'ora sono a Montecarlo e in meno di venti minuti a Cannes. C'è un servizio elicotteri che costa come un taxi: da Nizza a Montecarlo 120 euro.

Sempre la Francia ha 200 mila posti barca in più rispetto all'Italia, che pure ha il doppio dei chilometri di costa. E il turista in barca spende molto di più rispetto a quello con lo zainetto.

A proposito di lunghezza della nostra costa: vi sembra normale che un Paese con 7 mila chilometri di litorale non abbia una grossa catena alberghiera italiana?

Non è che io sia ossessionato dagli alberghi. Ma il turismo in grado di lasciare ricchezza nel territorio è quello degli hotel, non quello delle ville. Perché non sono le abitazioni private a creare posti di lavoro. Anzi, alla prima congiuntura negativa, il proprietario va dal commercialista e la mette in vendita.

Dobbiamo alzare l'asticella della nostra offerta turistica. È esattamente quello che ho provato a spiegare a Otranto durante l'incontro con gli imprenditori e i politici locali.

Proviamoci, e vediamo cosa succede. Io sono fermamente convinto che anche nella stessa Puglia, a prescindere da quelli che arriverebbero da fuori, c'è gente che vuole andare al mare e trovare il suo lettino con la tenda e l'asciugamano pulito. Come a Forte dei Marmi, a Montecarlo o a Mykonos. Spiaggia organizzata, servizio curato, menù ricercato e non soltanto le solite orecchiette o i taralli, ma sushi e sashimi, naturalmente accanto ai piatti locali. Non bisogna per forza essere miliardari per godere di queste comodità.

E già che ci siamo, sfatiamo una leggenda metropolitana che mi riguarda. Un drink al *Billionaire* costa 15 euro, quanto lo paghi ovunque in giro per Milano o Roma. Non è certo un costo proibitivo.

Invece di demonizzare chi fa qualcosa e crea posti di lavoro, partiamo da chi non fa neanche il minimo richiesto. Ci rivolgiamo all'universo mondo con le nostre proposte turistiche, ma non facciamo neppure un piccolo sforzo di traduzione. Il nostro portale ufficiale, Italia.it, è soltanto in sei lingue. Quello spagnolo ne conta una trentina.

Bisogna cambiare completamente approccio. I sardi, per esempio, non hanno mai avuto coscienza di trovarsi su un'isola. Altrimenti avrebbero investito tutto sui mezzi di trasporto.

Se vivi su un'isola e vuoi campare di quello che sei in grado di offrire, quale dovrebbe essere la tua principale preoccupazione? Quella di far arrivare la gente, di aiutarla a raggiungerti, facilitandola da un punto di vista logistico ed economico.

Riempi l'isola di persone e, una volta che le hai lì, offri e vendi loro tutto ciò che puoi.

Se invece una famiglia deve chiedere un mutuo per prendere la nave e venire a passare le vacanze da te, sei destinato alla sopravvivenza, all'eterna lamentela e al rancore verso il prossimo sul quale scarichi tutte le tue colpe.

A una famiglia media – madre, padre, due figli di circa dieci anni – un viaggio andata e ritorno in traghetto con la macchina, partendo da Genova o Civitavecchia per Olbia nei mesi di luglio e agosto, può arrivare a costare più di 1.000 euro, e comunque mai meno di 700. Un salasso. Tutto ciò, attenzione, non facendo il biglietto il giorno prima della partenza, ma prenotando con mesi di anticipo.

Il confronto con la Spagna, più intelligente e civile, è ancora una volta crudele. Da Genova a Olbia in traghetto ci vogliono dieci ore circa. Partenza il 9 agosto, ritorno il 18 agosto. Biglietto per quattro persone, con cabina più auto. Prezzo: 1.200 euro. Da Barcellona a Ibiza la navigazione, sempre in traghetto, dura nove ore e mezza. Stessa data di partenza e ritorno, cabina, auto: tutto uguale. Costo? 770 euro.

Sono quasi 500 euro in meno. E non aggiungo altro.

Riempi l'isola di persone. Gli spagnoli lo hanno capito e ci riescono benissimo. A Palma di Maiorca operano 42 compagnie aeree, per un totale di 22 milioni di passeggeri in un anno. In Sardegna volano 11 compagnie, per la miseria di neppure 7 milioni di passeggeri annui.

I trasporti aerei sono fondamentali nello sviluppo del turismo. Dubai è grande quanto la Valle d'Aosta, ovvero sei volte più piccola della Sardegna. È soltanto sabbia, non c'è cultura, ma nel suo aeroporto internazionale atterrano 125 compagnie, per un totale di 40 milioni di passeggeri in un anno. La spinta principale arriva dalla compagnia aerea di bandiera, Emirates. Mentre Alitalia, che negli anni Ottanta ha contribuito allo sviluppo del nostro Paese, oggi è una zavorra che muove soltanto 25 milioni di persone. Dubai ha 2 milioni di abitanti, l'Italia 60 milioni.

Quando compri un biglietto aereo italiano, su 10 euro spesi, 7 sono di tasse. Un pezzettino per gli imbarchi, un altro pezzettino per i comuni del «sedime aeroportuale o confinanti con lo stesso», un altro pezzettino per i cassintegrati della compagnia, uno per l'Iva, uno per i controlli di sicurezza, uno per le verifiche sul bagaglio a mano.

Alla fine, dei 300 euro che paghi per il biglietto, 210 sono andati in tasse.

Anche tu puoi diventare campione del mondo

Se non liberi il mercato dai mille grovigli di monopoli, clientele e malaffare, non ce la puoi fare.

Guardate i sardi. Qualsiasi cosa dici per provare a scuotere le persone, per esempio quello che ho appena scritto, ovvero che non hanno coscienza di vivere su un'isola, viene subito strumentalizzata dai soliti quattro manovratori il cui solo interesse è che nulla cambi.

Provi a pungolare, a stimolare fosse anche semplicemente una reazione di orgoglio incattivito, che è sempre meglio dell'abulia... e cosa ti tocca leggere sui giornali? «Le prediche di Flavio Briatore hanno rotto i coglioni, siamo stufi di sentirci dire che siamo un popolo arretrato. Con quale diritto voi pensate di venire qui dal continente, dove sviluppate i vostri affari, per trattarci con disprezzo? Proprio Briatore che arriva dal Piemonte poi, che storicamente ci ha spremuto.»

Sembrano quei soldati giapponesi che dopo trent'anni ancora non avevano capito che la guerra era finita. Ma lasciamo perdere questi dettagli di colore: la questione è molto più seria e importante.

Quando per esempio mi additano come una specie di razzista perché dico che i sardi vogliono fare i pastori e non sviluppare il turismo, mi piacerebbe capire dove sta l'offesa. Storicamente la Sardegna non è certo una terra di industriali. E l'allevamento e la pastorizia possono essere sviluppati con un'organizzazione produttiva tale da farli diventare strumenti di benessere, anziché una fonte di frustrazioni represse.

Qualche anno fa c'è stata una protesta molto forte dei pastori sardi. In seguito ho incontrato i loro rappresentanti, e per una settimana abbiamo offerto il loro pecorino ai clienti del ristorante *Cipriani* all'interno del *Billionaire* di Porto Cervo. Un grande successo: gradimento altissimo e clienti che ne andavano letteralmente pazzi.

E voglio qui ripetere a scanso di equivoci quello che mille volte ho affermato pubblicamente: il pecorino sardo è un prodotto straordinario. Ma non è accettabile che quello davvero buono non si trovi nei negozi, neppure in Costa Smeralda.

È inammissibile non per me, che posso vivere anche senza, ma per tutti quei pastori sardi che conducono una vita di sacrifici. E basta parlare con uno di loro per capire quanto siano disperati. Tengono le pecore allo stato brado per produrre il miglior latte possibile, e poi quel latte, badate bene, finisce in mano ai trasformatori.

Ora, quanti sono i trasformatori del latte in Sardegna? Due, soltanto due. In pratica, un monopolio.

Morale della favola, alla fine il pecorino che arriva sul mercato, anche all'estero, è stato mescolato con latte scadente di dubbia provenienza. Alla faccia di tutti quei pastori che hanno rinunciato ai loro affetti per stare dietro alle pecore sui pascoli.

Mentre i soliti saccenti erano tutti occupati a raffigurarmi come un mostro, ho fatto una chiacchierata con Oscar Farinetti per capire come aiutare i veri allevatori e come riuscire a fare un prodotto biologico, di alta qualità. E alla fine il pecorino sardo è arrivato sugli scaffali di *Eataly*. Con un marchio forte e riconoscibile. Un marchio unico, non mille inutili piccoli marchi che non servono a nessuno se non a quei pochi che si arricchiscono sulle spalle di molti. Prendete la Nutella, tanto per fare un esempio: si vende da decenni e la conoscono in tutto il mondo. Ma c'è solo la Nutella, non la nutellina o la nutelletta.

E poi bisogna far conoscere questi allevamenti, portarci fisicamente la gente in visita. Il turista che passa la sua vacanza in Costa Smeralda, per esempio. Bitti è soltanto a un'ora di macchina da Olbia, ci si arriva con estrema facilità. Sai quanti vacanzieri sarebbero affascinati all'idea di visitare un allevamento nel periodo della nascita degli agnelli?

Puoi essere il numero uno in quello che fai, basta che ci metti il piglio giusto. I campioni del mondo non sono soltanto in Formula Uno, ma in ogni settore della nostra vita sociale, economica, politica.

Ma per arrivare a tagliare il traguardo è necessario liberare il circuito dagli ostacoli che impediscono di correre.

Va spezzata ogni forma di monopolio, che riguardi i traghetti, gli aerei o i trasformatori del latte. E va favorito il rinnovamento, tramite una nuova classe dirigente fatta di manager capaci e innovativi.

Tutto questo va creato al più presto, non c'è tempo da perdere. Perché altrimenti chi ha voglia di fare e di investire si stufa e si sposta su altri lidi. Ci sfugge il piccolo particolare che il mondo sta diventando sempre più accessibile e collegabile. Le distanze si sono accorciate e si accorceranno sempre di più. E di sardegne, sicilie, calabrie e puglie è pieno il nostro pianeta. Come dimostra lo straordinario sviluppo di Abu Dhabi e Dubai in questi ultimi anni, frutto di investimenti mirati, strategie ben precise, progetti, visione a lungo termine. Il risultato è che oggi il turismo contribuisce per circa il 9 per cento all'intero prodotto interno lordo degli Emirati Arabi, che grazie all'estrazione di petrolio non è certamente piccolo.

E cosa ha fatto Abu Dhabi per sviluppare il turismo in un'area circondata dal deserto, povera di ogni supporto paesaggistico, storico, artistico e culturale? Ha puntato su grandi alberghi di lusso e su parchi divertimento a tema unici al mondo. Nel 2010 c'erano 116 alberghi, tre anni più tardi se ne contavano già 150, la maggior parte dei quali di categoria elevata. E la crescita non si è mai arrestata.

In che modo sono riusciti ad attirare turisti e clienti per i grandi alberghi? Organizzando eventi sportivi, tornei, concorsi dal richiamo internazionale. Formula Uno, tennis, regate, golf: turismo sportivo. E promuovendo eventi legati alla cultura del posto: gare di cammelli, spettacoli di falchi, con un ospedale specifico per gli uccelli che è diventato un'attrazione turistica mondiale.

Abu Dhabi ha capito la potenza dei brand e ci ha investito, riuscendo per esempio a sfruttare il marchio Ferrari meglio dell'Italia. Dentro il parco Ferrari World di Abu Dhabi si sperimenta un vero e proprio viaggio in Italia. Si ascolta musica italiana, si assaggiano i piatti tipici della nostra cucina, si visita in modo virtuale la fabbrica di Maranello.

Da ultimo, Abu Dhabi ha deciso di puntare anche sul turismo da crociera. Hanno investito 3 miliardi e in due anni hanno realizzato un canale lungo tre chilometri e largo settanta metri che attraversa la capitale. Una sera a cena ho chiesto: ma perché lo avete fatto? A che cosa vi serviva? Mi hanno risposto: lo abbiamo fatto soltanto per i turisti, perché possano vivere l'esperienza di navigare per la città con una barca.

Dal canto suo, Dubai grazie al turismo ha registrato nel 2015 un totale di oltre 14 milioni di visitatori, con 11 miliardi spesi soltanto per il pernottamento.

E cosa ha fatto Dubai per arrivare a questi risultati in un posto dove non ci sono mosaici romani, templi greci, cattedrali, colline, chiese barocche o Dolomiti? Ha puntato tutto sull'immagine. Dubai come meta meravigliosa e luogo da mille e una notte. Un'esperienza da fare assolutamente una volta nella vita. A Dubai trovi un arcipelago di isole artificiali, l'albergo più alto del mondo, quello più lussuoso, e fra un po' sarà pronto anche l'aeroporto più grande del mondo.

Il tutto accompagnato da eventi dal forte richiamo mondiale, capaci di attirare visitatori che arrivano – pensate – soltanto per fare shopping. Per spendere denaro che rimane lì e produce benessere per tutti.

Un festival dello shopping che spesso cambia di nome anche se la sostanza rimane la stessa: un semplice pretesto per spendere. Il *Dubai Mall*, il più grande centro commerciale di tutti gli Emirati Arabi, contiene al suo interno una vera pista da sci, l'unica al coperto del Medio Oriente.

Il consumatore non arriva a Dubai con il solo obiettivo di acquistare un bene. No, va a Dubai perché tutto è stato studiato e concepito per far sì che il turista si immerga totalmente in un'esperienza plurisensoriale gratificante.

Nel momento in cui fai shopping, ricavi una gratificazione personale grazie all'effetto della tua presenza all'interno del punto vendita, degli stimoli sensoriali diretti a suscitare una risposta emotiva in un individuo che presenta un atteggiamento edonistico nei confronti dello shopping.

Tecnicamente si chiama proprio turismo dello shopping. Davvero possiamo permetterci il lusso di snobbarlo?

Mentre questi Paesi hanno conosciuto uno sviluppo e un benessere eccezionali, in Sardegna sono riusciti a far passare la voglia perfino all'Aga Khan, il principe ismailita, poliglotta, tanto *bon vivant* quanto astemio, che negli anni Sessanta prese un pezzo di isola selvaggia e inventò un angolo discreto di turismo cosmopolita.

Al principe di dinastia persiana è subentrato il magnate americano-libanese Tom Barrack. In tutto il mondo, se soltanto si sparge la voce che uno come lui sta per investire, stendono subito il tappeto rosso. Da noi niente da fare, sono riusciti a far stancare pure Barrack, che ha venduto al fondo sovrano del Qatar.

L'emiro ha provato a portare *Harrods* a Porto Cervo, di fatto l'unica «succursale» fuori Londra dei prestigiosi e celebri magazzini, ma l'ufficio tecnico del comune di Arzachena gli ha fatto recapitare un avviso di sfratto. E via con ricorsi al Tar e la solita tiritera.

Niente, preferiscono il cemento alle opportunità di sviluppo internazionale.

Siamo tenuti in ostaggio da gente senza visione. Professionisti dell'apparato, burocrati che non hanno mai messo il naso fuori dall'Italia e che tirano a campare senza troppe pretese e ambizioni.

Nella spiaggia di Liscia Ruja, in Costa Smeralda, lunga almeno cinque chilometri, non esiste una toilette. Lo dici in tutte le lingue del mondo, ma nessuno ti ascolta. E intanto tutti si scannano tra di loro, tra chi ha il chiosco e chi lo vorrebbe, perdono tempo in beghe e liti tra parenti, amici e amici degli amici.

A Saint-Tropez ogni spiaggia ha il suo ristorante tanto funzionale quanto discreto. In Sardegna non si può fare. Ti concedono al massimo quindici metri quadrati, che sono un impedimento al lavoro in condizioni igieniche decenti.

I ragazzini che vogliono passare una giornata al mare in Costa Smeralda sono costretti ad andare a piedi. Fra l'altro in totale assenza di marciapiedi, percorsi pedonali per fare jogging e piste ciclabili. Anzi, in totale assenza di tutto ciò che sarebbe il minimo indispensabile per una località del calibro della Costa Smeralda.

Ma certo questo non accade per una dimenticanza di chi ha costruito. Ci hanno provato in tutti i modi, da ultimo Tom Barrack, ma non c'è stato nulla da fare: il solito ufficio tecnico non ha concesso i permessi.

Dicevo dei ragazzini che vanno al mare a piedi perché non ci sono neppure i parcheggi. Abbiamo proposto di mettere una decina di fontanelle. Il sindaco ha detto non si può fare. Abbiamo proposto di mettere delle bettoline d'acqua lungo la strada, come a Ibiza, in modo che quando le macchine passano non si alzino nuvoloni di polvere. Il sindaco ha detto non si può fare. E in questo caso ha anche aggiunto che la polvere fa parte integrante della cultura sarda.

La raccolta dei rifiuti? Un'oscenità inconcepibile in un posto dove i condomini del consorzio della Costa Smeralda pagano delle spese altissime. Il servizio di raccolta rifiuti passa a volte anche ogni quattro giorni. E non è dato sapere se si faranno vivi il lunedì, il mercoledì o il venerdì. Sei costretto ad ammonticchiare l'immondizia nella speranza che sia la giornata giusta. Con le conseguenze, in termini di decoro e di igiene, che vi lascio immaginare.

A Montecarlo il servizio di raccolta dei rifiuti costa caro. Ma se è previsto che passino il martedì mattina alle otto, puoi stare certo che spaccheranno il minuto.

In Sardegna abbiamo provato e riprovato a costruire una piccola pista di go-kart, con l'idea di organizzare gare e attrazioni con i piloti di Formula Uno. Tutto questo a ottobre e novembre, quando non c'è nessuno. Avremmo portato gente come Trulli o Alonso e riempito gli alberghi in un periodo dell'anno in cui sono vuoti. Ma naturalmente anche questo non si può fare.

Bisogna liberare il turismo da una classe politica che non ha idea di che cosa significhi fare impresa.

La non certezza delle regole, dovuta alla volubilità e all'imprevedibilità della burocrazia e a un'amministrazione incompetente, pesa almeno per il 50 per cento sulla rinuncia dei grandi imprenditori turistici a investire in Italia.

Eppure il turismo dovrebbe essere la prima grande industria italiana, la turbina dello sviluppo, la forza propulsiva di un'intera generazione di giovani, che avrebbe non soltanto una fonte diretta di guadagno, ma anche una straordinaria occasione di crescita culturale e imprenditoriale grazie al confronto diretto con persone che vivono e operano in un mercato internazionale e globale.

Mi piace essere chiaro e vorrei che si capisse davvero di cosa sto parlando: il turismo può essere una grande opportunità per il futuro. E non solo per chi si troverà a gestire un albergo o un negozio in una località di villeggiatura, ma anche per chi nella vita farà altro ma avrà comunque avuto la possibilità di arricchire il proprio bagaglio.

Il Paese-Italia ha ancora tutto ciò che serve per rilanciare il turismo e farne il traino della propria economia.

Ci vogliono sei mesi di tempo, non di più. Ma è necessario accentrare la gestione nelle mani del ministero del Turismo e del presidente del Consiglio. E il premier dovrebbe poter andare in giro per il mondo esibendo il Colosseo come un vanto e un glorioso biglietto da visita, non come una vergogna nazionale perché resta chiuso per sciopero.

A proposito di musei e di offerta culturale. So che molti di voi si arrabbieranno a leggere le righe che seguono. Ma così è, ed è meglio che ve ne facciate una ragione. I turisti ricchi non scelgono la Puglia per la cultura. Detto senza mezzi termini, non gliene frega niente di tutto ciò che per noi ha un valore inestimabile.

Se a questa gente parli di mete culturali, ti menzioneranno Roma, Firenze, Parigi, Vienna, San Pietroburgo e via discorrendo. Non certo la Puglia.

Magari vi potrà dispiacere, potrete anche reagire con fastidio, ma è la verità. E su questo bisogna ragionare, da qui bisogna partire se vogliamo che vengano a spendere i loro soldi e a lasciare ricchezza sul territorio.

E veniamo ai musei. Potrebbero giocare un ruolo cruciale nel migliorare la performance turistica e culturale, se solo non fossero tenuti miseramente in panchina. Proprio così. Che te ne fai di Messi o di Cristiano Ronaldo, se non li fai mai giocare?

Puoi anche avere un Caravaggio in un museo tra gli ulivi, ma se l'unica cosa che sai fare è mettere la gente in fila per ore sotto il sole con lo zainetto, la bottiglietta d'acqua e il panino, allora è solo uno spreco.

Vogliamo fare un paragone? Vi è mai capitato di passare dal Texas e vedere cosa gli americani sono in grado di fare con opere d'arte che non sono neppure lontanamente paragonabili alle nostre? Quale cinema riescano a montarci sopra? Quanto siano in grado di farle fruttare in termini di business? E non lasciano certo fuori la gente a fare la fila con lo zainetto e la merendina.

Lo ripeto, i modelli di offerta possono benissimo coesistere. Aprire al ricco non significa cacciare il povero.

Significa invece prevedere diversi momenti di fruizione. E diversi costi. Significa sfruttare al meglio le potenzialità, non disperderle.

L'Italia è tra i pochi Paesi al mondo che non contempla una visita nei musei pensata specificamente per coloro che non hanno tempo da perdere e sono disposti a pagare per questo.

Mi spiego. Perché per entrare nei musei italiani l'unica e sola via di accesso è quella della coda di tre ore per pagare 10 euro di biglietto? Perché non prevedere una corsia privilegiata con visita guidata e uscita dal museo mezz'ora o un'ora dopo l'arrivo, magari al costo di 3 mila euro?

Cosa ti impedisce di farlo? Lo sguardo arrabbiato di quelli che stanno in fila nei confronti del riccone che arriva con moglie e figli e imbocca un'altra entrata? È questo il problema?

Allora fai in modo che non si incontrino, ma non rinunciare ai suoi soldi. Lui è disposto a spenderli, a te servono come il pane, e vuoi sbattergli la porta in faccia perché hai la puzza sotto il naso?

Perché questo servizio viene offerto in molte parti del mondo tranne che in Italia?

I musei dovrebbero essere gestiti dai privati. Fuori i professionisti delle procedure e delle trattative con i sindacati per tenere aperto un'ora in più. Fuori i direttori che fino al giorno prima si occupavano di parcheggi ma sono stati promossi perché legati a una lobby politica che ha appena vinto le elezioni. Fuori gli impiegati che non hanno voglia di lavorare, che avrebbero voluto fare altro nella vita ma si sono accontentati di un alienante posto fisso, che vanno al lavoro solo per scaldare la sedia e spegnere il cervello ma sono protetti da contratti che li rendono di fatto intoccabili. Fuori tutti.

Quanto incassi, oggi, da tutti i musei pubblici italiani? Poniamo dieci. Dai tutto in mano a privati che ti garantiscono un introito non inferiore a cinquanta. Ma a una condizione inderogabile: tu pubblico non ci devi mettere il naso, devi stare almeno a un chilometro di distanza.

Perché se ti avvicini troppo, sei capace soltanto di fare danni.

L'Italia è un paziente in rianimazione trattato con l'aspirina

DICIAMO le cose come stanno: l'Italia è un Paese economicamente morto.

Non serve a nulla continuare a prendersi in giro con la storiella della crisi finanziaria mondiale che non è dipesa da noi, anzi, le nostre banche erano le meno esposte e tutto sommato hanno tenuto e non sono fallite, intanto la ripresa è cominciata e dopo anni di dati macroeconomici negativi registriamo finalmente degli zero virgola positivi...

Non è vero.

Forse chi ha responsabilità di governo non può dire altrimenti. Fosse anche solo per cercare di contrastare il pessimismo cronico e generalizzato che affligge il Paese e infiacchisce le energie e la voglia di fare anche delle menti più vivaci.

Ma noi imprenditori, manager e operatori economici non possiamo permetterci di avallare questa mistificazione della realtà. Perché continuano a dirci che va tutto bene e che la ripresa è partita, quando invece la gente vede crollare il proprio tenore di vita, fatica sempre più spesso a mettere insieme il pranzo e la cena e, se esce di casa, si ritrova circondata da gente ancora più povera e disperata che non parla neppure la sua stessa lingua. No, il distacco tra il racconto dominante e la realtà è davvero insostenibile.

Il Paese-Italia ha bisogno di un capitano coraggioso, uno che abbia il coraggio di presentare agli italiani il quadro reale della situazione. Senza sconti.

Questa è l'Italia di oggi, questi sono i problemi, queste le difficoltà. Non si potrà mai risollevare se ognuno, dal disoccupato al grande imprenditore, non si sentirà allo stesso modo coinvolto in un progetto collettivo che riguarda tutti da vicino, perché la posta in gioco è il futuro di tutti.

O riusciamo a trascinare il Paese fuori dalle sabbie mobili, o il Paese finirà per inabissarsi. È soltanto una questione di tempo.

Qui non si tratta di vedere il bicchiere mezzo vuoto, ma di non voltarsi dall'altra parte.

Va bene, siamo orgogliosi di essere italiani, anche se spesso nemmeno lo sappiamo. Ma, sistemato l'amor proprio, proviamo a interrogare il Pil. Così finalmente sarà chiaro quello che ho appena affermato, ovvero che l'Italia è economicamente morta.

Il Pil è il prodotto interno lordo, ovvero l'insieme di tutti i beni, le merci, i servizi realizzati da tutti gli italiani in tutto il Paese in un dato periodo di tempo.

Ora, il Pil è aumentato del 55 per cento per tutto il decennio degli anni Sessanta, con una media del 5,5 per cento annuo. È cresciuto ancora del 45 per cento negli anni Settanta, del 26 per cento negli anni Ottanta, del 17 per cento negli anni Novanta e del 2,5 per cento nel decennio che va dal 2000 al 2010. Ma nei tre anni successivi il Pil italiano è addirittura sceso sotto zero, evidenziando una dinamica economica che ha fatto dell'Italia un caso rispetto agli altri Paesi occidentali.

I dati che ho appena elencato sono del nostro Istituto nazionale di statistica, non di qualche fantomatica lobby anti-italiana. Siamo noi gli artefici del nostro destino, con le scelte che facciamo e soprattutto con quelle che evitiamo di fare per codardia e mancanza di spirito imprenditoriale.

In aggiunta a questi dati, il Fondo monetario internazionale ci conferma che, a partire dall'inizio del secolo, nessuna economia dell'area europea è andata peggio di quella italiana. Fra il 2001 e il 2015 il prodotto interno lordo pro capite a prezzi costanti, in questo caso la quantità media di merci, beni e servizi prodotti da ciascuno di noi, è diminuito dell'8,5 per cento. Perfino la tanto disastrata Grecia ha fatto meglio: meno 7,3 per cento.

Non bisogna aver studiato economia per riuscire a leggere questi dati: l'Italia non è alle prese con una congiuntura sfavorevole di breve periodo dovuta in buona parte alla recessione mondiale degli ultimi anni, per cui basta rimanere per un po' al riparo in attesa di giorni migliori.

No, se si va avanti a ragionare in tal modo e a calibrare le risposte economiche e politiche su questo falso assunto di partenza, si fa la figura del pugile che se ne sta fermo nel suo angolo e continua a menare cazzotti in aria mentre l'avversario è ancora negli spogliatoi. Quando l'altro arriverà lo troverà sfinito e gli basterà toccarlo con un dito per mandarlo al tappeto.

Tradotto in termini più elevati, la falsa rappresentazione della realtà provoca una risposta da parte delle forze politiche che si traduce in azioni di governo centrate su stimoli economici di breve durata, buoni giusto per farti riprendere fiato per sei mesi o un anno al massimo. Dopodiché ti troverai di nuovo con la testa sott'acqua. Non hai affrontato il problema, non hai rimosso gli ostacoli e non hai risolto nulla. Hai fatto soltanto una specie di corsa sul posto.

La realtà è molto più grave. Il Paese-Italia è attanagliato da problemi economici strutturali che, nel corso dei decenni, hanno azzerato la capacità produttiva.

Se gli italiani vogliono salvare la pelle, bisogna smettere di parlare di recessione economica, perché la recessione è un concetto che inquadra un breve periodo.

L'Italia non è un malato ricoverato in reparto, ma un paziente che non riesce a uscire dalla rianimazione. Anche perché, siccome tutti dicono che sta un po' meglio e che sicuramente domani è un altro giorno e si vedrà, continua a essere trattato con l'aspirina.

Anche se è stato decimato dalla crisi, esiste ancora un capitalismo familiare e relazionale, capace di intessere rapporti politici tesi a difendere l'orticello dai cattivoni stranieri che scorrazzano in un libero mercato diventato una giungla. Un capitalismo totalmente incapace di esprimere manager in grado di confrontarsi con il libero incontro di domanda e offerta su territori aperti, competitivi e spietati. Dove non è concesso essere scarsi.

Un capitalismo che assomiglia a una specie di club riservato ai soliti noti che si ritrovano sulle plance di comando di tutte le grandi navi italiane. E a cui si può accedere soltanto per appartenenza, obbedienza, fedeltà, cooptazione. Alla larga le capacità e il merito, che potrebbero trasformarsi in fattori di disturbo e di minaccia per i manovratori.

Il Paese-Italia ha un panorama industriale vecchio, che non è assolutamente in grado di vincere la partita con produttori sempre più competitivi e tecnologicamente avanzati.

Questo anche perché ciò che in passato è stato il punto di forza, ovvero il tessuto delle piccole e medie imprese, oggi è il maggior fattore di debolezza.

Questa è la cruda realtà attuale: non c'è più spazio per un capitalismo familiare. Eppure le imprese italiane sono all'86 per cento di proprietà familiare.

Attenzione: di per sé il problema non è questo, ma chi guida le operazioni, chi comanda. In Germania il dato percentuale delle imprese di proprietà familiare è perfino superiore: sono il 90 per cento del totale. Ma sapete quante di queste sono gestite quotidianamente dai componenti della famiglia? Meno del 30 per cento. Mentre in Italia le scelte strategiche e la direzione aziendale rimangono tra le quattro mura domestiche nel 70 per cento delle imprese di proprietà familiare.

Ma quante sono le probabilità che il miglior manager possibile per guidare l'impresa sia proprio il figlio o la figlia dell'imprenditore che con grande fatica, impegno e intraprendenza l'ha costruita?

Io direi pochissime.

L'impresa familiare non può reggere. Perché gli investimenti in ricerca, sviluppo e nuovi brevetti comportano costi elevatissimi che non sono assolutamente rapportati alla quantità di prodotto. Per cui se produci dieci oppure mille avrai più o meno gli stessi costi.

Il guaio è che la maggior parte delle imprese italiane sono piccole. Quasi la metà di tutti gli occupati nel nostro Paese è inserita in realtà produttive con meno di dieci addetti, contro il 18 per cento della Germania. Il risultato è chiaro: tante piccole imprese non sono in grado di mettere sul piatto quegli investimenti che sarebbero necessari per migliorare la navigazione in acque nuove, sconosciute, ostili.

Infatti, mentre si continua a chiedere più spesa pubblica o più interventi dello Stato sull'economia, come fossero la panacea di tutti i mali, se si guardano i dati sugli investimenti, si vede che negli anni dal 2008 al 2014 sono letteralmente crollati, fino ad arrivare a un livello inferiore del 30 per cento rispetto a quello del 2007.

E se si confrontano i dati sulla produttività delle imprese italiane in rapporto a quelle straniere, si avrà la conferma di quello che sto dicendo.

Cos'è la produttività? È la capacità di conseguire un risultato maggiore in termini di prodotto finito o servizio realizzato, rispetto ai mezzi impiegati, grazie all'organizzazione del processo produttivo o all'ottimizzazione dei costi e delle risorse.

Ebbene, nel corso degli ultimi vent'anni la produttività oraria nelle aziende italiane è cresciuta in totale soltanto del 5 per cento. Nello stesso periodo, negli Stati Uniti è aumentata del 40 per cento. In Francia, Gran Bretagna e Germania del 30 per cento, sei volte di più. Perfino Spagna e Portogallo hanno registrato performance migliori: 15 per cento la prima, 25 per cento il secondo.

Le piccole imprese italiane, non riuscendo a investire quanto dovrebbero e quanto servirebbe in ricerca e innovazione, continuano di fatto a produrre la stessa lavatrice, la stessa lavastoviglie, la stessa bicicletta. Si presentano sul mercato con beni e servizi che non hanno nulla di innovativo, e a quel punto non si capisce perché una famiglia che non vede grandi prospettive di fronte a sé dovrebbe decidere di cambiare il proprio elettrodomestico soltanto perché ha qualche anno e qualche acciacco.

Per stimolare i consumatori di oggi, devi essere in grado di solleticare istinti diversi da quelli di prima necessità, oppure offrire prodotti e servizi che, se acquisiti, migliorino la loro quotidianità o il loro stile di vita.

Tutto questo mentre ci sono Paesi in via di sviluppo che dal punto di vista dei costi di produzione sono molto avanti e dunque in grado di offrire gli stessi prodotti a prezzi più concorrenziali.

Si può anche dare la colpa alla globalizzazione e al progresso tecnologico. Ma se il Paese-Italia non vuole essere travolto e spazzato via, deve provare a cavalcare l'onda. Come hanno fatto quei Paesi che sono stati reattivi rispetto ai cambiamenti della nostra epoca. Che si sono in qualche modo reinventati, passando da un'economia totalmente basata sulla manifattura, sull'industria, sulla produzione materiale di beni, a un'economia focalizzata sull'innovazione.

Hanno puntato sul capitale umano, sulla persona più che sulla macchina. Sulle capacità individuali, creative, emozionali. Sulle idee da trasformare e convogliare nel raggiungimento di traguardi economici. Si è abbassato il margine positivo nella produzione di un bene sempre più a buon mercato, ma allo stesso modo è straordinariamente cresciuto il ritorno economico dell'investimento in termini di capitale umano, conoscenza, innovazione.

L'Italia, che ha reagito alla crisi cercando di salvaguardare il posto di lavoro invece del lavoratore, ha risposto all'appello in grave ritardo e non ha ancora concluso il processo di sostituzione di imprese di fatto morte, ma tenute artificialmente in vita da sussidi pubblici, con imprese nuove, innovative, capaci di competere sul mercato.

E se gli imprenditori che tengono famiglia la finissero di lasciare in azienda il figlio o la figlia, se li spingessero a seguire la propria particolare indole e vocazione e mettessero ai comandi dell'impresa i figli degli altri, ecco che farebbero un grandissimo favore a se stessi, ai figli e a tutto il sistema produttivo e occupazionale italiano.

Anche perché, nel frattempo, il Paese-Italia si è perso per strada il preziosissimo ceto medio. Un danno enorme.

Negli anni del boom economico erano addirittura i nuovi ricchi, la generazione che aveva studiato, che metteva su famiglia, che si comprava la casa e pure la seconda macchina, che andava a mangiare al ristorante e in estate partiva per lunghe vacanze al mare.

La progressiva omologazione di stili di vita, consumo e risparmio ha trasformato nel tempo questa massa non definita in un blocco unico. Del quale facevano parte i cosiddetti colletti bianchi, per esempio. I quadri, gli impiegati di concetto nel lavoro dipendente, che svolgono un lavoro qualificato e non manuale. E poi i lavoratori autonomi, quelli dell'agricoltura, i piccoli artigiani, i commercianti con pochi dipendenti che prestano la loro opera al servizio dell'impresa.

Una massa dai confini incerti, formata da elettori di destra e di sinistra, da cittadini del Sud più poveri e più sereni, da abitanti del Nord più ricchi e più preoccupati, da gente di provincia che tira avanti senza tanti patemi e da abitanti delle metropoli strozzati da uno stile di vita al quale non riescono a rinunciare a costo di intaccare i propri risparmi.

Alcuni economisti sono arrivati a definire la classe media come una percentuale fissa della società, ovvero il 60 per cento della popolazione che sta tra il 20 per cento ricco e il 20 per cento povero.

Un grande, fondamentale cuscinetto sociale, economico, politico del nostro Paese. Un simbolo del benessere conquistato ma anche un ammortizzatore, una camera di compensazione per le tensioni che hanno attraversato l'Italia negli anni del terrorismo e della lotta di classe.

Questa classe media ha da tempo imboccato il viale del tramonto. Invecchiata, impaurita e soprattutto impoverita. Il portafogli si è assottigliato, schiacciato sotto il peso delle bollette e delle tasse.

E questa gente si è ritrovata in un calderone ben diverso, al quale non era abituata. Sto parlando di quegli 8 milioni 300 mila cittadini che vivono sotto la soglia di povertà relativa. Giusto per capirci, il 13 per cento della popolazione italiana.

Ecco dov'è finito il ceto medio: in compagnia se non del tutto dentro quel milione e passa di famiglie che oggi in Italia vive in condizioni di povertà assoluta. 4 milioni 600 mila persone in totale. La metà delle quali, e questo è un dato davvero sbalorditivo, ha meno di 34 anni.

Proprio così: l'incidenza più alta di povertà si registra fra i minori, e la crisi del lavoro e dell'occupazione si abbatte soprattutto sui giovani in cerca di una prima occupazione.

Ma quello che a questa gente fa più male è la mancanza di prospettiva, il crollo delle aspettative future, l'impossibilità di scorgere una luce in fondo al tunnel. Anche per colpa di manovre finanziarie che negli anni si sono risolte in una vera e propria opera di impoverimento sociale. A volte condotta in maniera consapevole, altre volte frutto dell'incapacità di guardare avanti con coraggio e lungimiranza.

Alla fine, il ceto medio è diventato una sorta di bancomat della politica.

A parte il crollo numerico in termini di componenti, maggiore rispetto agli altri Paesi, la classe media italiana ha manifestato una sua specificità: i figli che si sono via

via affacciati al mondo del lavoro non sono riusciti a trovare occupazioni pari a quelle che alla loro età i genitori avevano già ottenuto. Tutto ciò a fronte di un livello di istruzione maggiore, che non è servito a nulla se non a procurarsi un posto di centralinista nei call center o qualche altro impiego, chiamiamolo così, in quel sottobosco che è il proletariato dei servizi.

Mai come in questo caso le colpe dei genitori sono ricadute sui figli.

I padri stavano meglio anche perché, in termini di servizi pubblici, sanità e istruzione, pagavano due e prendevano tre.

Provo a essere più chiaro attraverso un esempio: nel 1974 un insegnante guadagnava mensilmente l'equivalente di 1.400 euro attuali, e il suo reddito andava a ricadere sotto un'aliquota Irpef del 10 per cento. Esatto, il 10 per cento. Finiva tutto nel pentolone del debito pubblico italiano, cresciuto in quegli anni fino a raggiungere cifre spaventose e a trasformarsi in una zavorra che impedisce di manovrare per invertire la rotta.

Ma la cosa che più colpisce quando si parla di debito pubblico – nel frattempo arrivato a oltre 2 mila 200 miliardi nel 2016 – è che, mentre i mercati internazionali guardano al debito italiano con grande preoccupazione e temono possa avere delle ripercussioni pesanti sulla tenuta del Paese, l'opinione pubblica si comporta come se il problema non la riguardasse. Come se appartenesse ad altri, a chi lo ha contratto, al massimo allo Stato.

In sostanza, chi è costretto a vivere e a operare nella realtà si trova un debito pubblico cresciuto in termini percentuali fino al 132 per cento del prodotto interno lordo.

Il tutto mentre i governi che si sono succeduti rinnovavano l'impegno a ridurlo.

Per carità, molte delle colpe sono sicuramente da ascrivere ai governi. Ma sta di fatto che, a differenza di quello che accade in molti Paesi stranieri, dove c'è chi addirittura ci perde il sonno, in Italia si assiste a una sottovalutazione generale del peso del debito pubblico. È un tema che rimane del tutto assente dal dibattito politico, e non sfiora nemmeno lontanamente le preoccupazioni di un'opinione pubblica alle prese con altri e più stringenti problemi.

Sarà per il frequente utilizzo dell'aggettivo «storico», che forse lo sposta all'indietro e fa sì che venga percepito come una cosa del passato e non del presente. Sarà perché il fatto che appartenga allo Stato deresponsabilizza gli enti locali, dando loro agio di spendere e spandere al punto da fare ricorso al debito anche per coprire gli stipendi.

Fatto sta che è come se tutti si sentissero liberi da ogni responsabilità.

Peccato che le tanto bistrattate nuove generazioni verranno chiamate a pagare il conto per tutti. E questa fine potrebbe arrivare molto prima di quanto ci immaginiamo.

Mettiamo l'impresa al centro del mondo

Come ha potuto precipitare così in basso l'Italia? Chi sono i principali artefici di questa caduta?

Se ci si avventura lungo il tortuoso sentiero della ricerca dei responsabili, si finisce nella più classica voragine del «tutti colpevoli nessun colpevole».

Quindi concentriamo le energie nel focalizzare bene le cause delle difficoltà, i muri da rimuovere, le montagne da scalare se si vuole tornare a correre.

L'impresa dovrebbe essere il centro del mondo, l'unico pensiero, l'ultimo della sera prima di andare a dormire e il primo al risveglio.

Come fare impresa, come stimolare attività d'impresa, come creare nuova impresa, come mettere l'impresa in condizione di operare al meglio e diventare campione del mondo nel proprio settore specifico di mercato.

Perché l'impresa non crea agio e ricchezza soltanto per

chi la gestisce e si assume gli oneri, i rischi, i vantaggi della sua attività. L'impresa crea posti di lavoro, occupazione, aggregazione sociale, benessere per la collettività.

Senza impresa siamo tutti dei piccoli sprovveduti avventurieri.

Provate a chiudere gli occhi. L'impresa siete voi. Non ci potrebbe essere impresa senza di voi, senza il vostro spirito d'avventura, la vostra preparazione, la vostra capacità di sacrificio, le vostre professionalità, la vostra voglia di migliorare e il vostro coraggio.

Nella classifica Doing Business sulla facilità di fare impresa stilata dalla Banca mondiale, l'Italia continua a perdere posizioni ed è scesa in basso fino al cinquantesimo posto, facendosi superare perfino da nazioni come la Moldavia e la Serbia.

Nello specifico, l'Italia occupa l'ottantaseiesimo posto su 190 Paesi nella graduatoria sulla velocità per ottenere un permesso edilizio. Mentre l'Ocse la colloca al settantottesimo posto nella lista dei mercati in grado di attrarre investimenti esteri.

Basta guardare per esempio la performance registrata in un anno recente da Invitalia, l'agenzia nazionale per l'attrazione degli investimenti e lo sviluppo d'impresa che aiuta gli imprenditori stranieri a insediarsi e fare affari nel Paese-Italia. Su un totale di oltre seicento richieste di assistenza arrivate dall'estero, soltanto una trentina si è concretizzata in un investimento. Il resto è evaporato nella lentezza snervante delle procedure.

Scappano letteralmente a gambe levate una decina di grandi colossi internazionali ogni anno. Per esempio la British Gas, che alla fine, esasperata, ha rinunciato a realizzare un rigassificatore da 800 milioni a Brindisi.

Una vicenda emblematica di come funziona l'Italia in un settore cruciale com'è appunto quello energetico è quella che coinvolge il giacimento di Tempa Rossa, in Basilicata. L'ha raccontata di recente Sabino Cassese sulle pagine del *Corriere della Sera.*

La Basilicata è una delle regioni più povere d'Italia, ma possiede la più vasta area di estrazione di idrocarburi di tutta l'Europa occidentale. Negli anni Ottanta, una decina di compagnie petrolifere – molte delle quali straniere – avviano le procedure di richiesta delle concessioni. Le carte fanno il giro di almeno quattro ministeri: un'autorizzazione di qua e una di là, un funzionario presente e uno assente, una processione quotidiana per spostare le carte da un ufficio all'altro senza aspettare i tempi biblici dei commessi. Con un intermezzo di partite a ping-pong con la regione.

Il tempo passa, i responsabili delle multinazionali che hanno avviato le pratiche intanto si sposano, quelli che già erano sposati diventano nonni, fino a che, nel 2008, la procedura si blocca del tutto e rimane ferma per un paio d'anni a causa di un intervento della procura locale. Bisogna aspettare il 2014 perché il comune finalmente rilasci il permesso di costruire l'impianto. Ma i lavori si fermano presto a causa di un intervento del Tribunale amministrativo regionale.

Parte una serie di trattative e negoziazioni estenuanti con tutti gli uffici pubblici degli enti territoriali (regione, provincia, comuni), che più aumentano le difficoltà più intascano: sconti sull'acquisto di carburanti per i residenti, piani di promozione sociale ed economica, perfino redditi di cittadinanza, tutto sul groppone delle compagnie petrolifere.

Le quali, estratto finalmente il petrolio, si sono trovate nella necessità di doverlo trasportare.

Come fare? Bisogna costruire un oleodotto lungo otto chilometri che si congiunga con quello già esistente di Taranto. Che si trova sempre in Italia, ma in un'altra regione, la Puglia. La quale però non accetta che il suo territorio venga «profanato». Il tutto mentre i suoi vicini della Basilicata se la ridono e se la godono incassando tutte le royalty.

Per superare l'impasse, il governo alla fine decide di applicare alle opere strumentali le stesse procedure unificate e centralizzate già usate per gli impianti estrattivi. Perché è inconcepibile riuscire a costruire la cisterna e poi bloccarsi per le condutture e i rubinetti. Ma a questo punto, naturalmente, intervengono di nuovo le procure, i giudici amministrativi, il consiglio di Stato e perfino la Corte costituzionale, con costi ulteriori calcolati in una decina di miliardi.

Allora mi chiedo: è possibile che un Paese che ha bisogno come l'aria di investimenti, progetti, fonti energetiche debba impiegare un quarto di secolo per realizzare un'opera e portare a regime l'attività produttiva?

Sia chiaro: il punto qui non è il merito della decisione, se sia giusto o sbagliato procedere con Tempa Rossa. Ma ciò che succede nel momento in cui vuoi procedere.

Le imprese muoiono dentro queste trappole. Non si può giocare con questi fattori vitali. Non si possono mettere continuamente in discussione le decisioni prese.

Non sarebbe più opportuno prevedere il coinvolgimento di tutti gli interessati, comprese le stesse procure, *prima* della realizzazione dell'opera, per poi canalizzare la partecipazione di tutti verso il medesimo obiettivo comune?

Troppi uffici, troppe campane, troppi enti locali, troppi responsabili, troppi responsabili dei responsabili. Troppi giri di valzer con gente che non sa ballare e che si pesta i piedi. Troppe decisioni prese a monte e sconfessate a valle. Troppi cuochi, destinati a fare una pessima cucina.

La burocrazia calpesta la dignità e uccide le imprese

È UN mostro, tanto ambiguo quanto letale. Si chiama burocrazia. Parola inventata da un economista francese nel Settecento per designare – secondo la definizione del vocabolario Treccani – «il complesso dei funzionari che, articolati in vari gradi gerarchici, svolgono nello Stato le funzioni della pubblica amministrazione», oppure, in senso astratto, il «potere assunto negli Stati moderni [...] dalla massa dei funzionari».

Sono dunque i funzionari, con tutto ciò che ruota loro intorno, il nemico pubblico numero uno dell'attività di impresa e dei cittadini.

Funzionari i quali creano procedure che loro stessi sono chiamati a rispettare e alle quali si devono sottomettere.

Accade così che a un cittadino umbro, che chiama la protezione civile per mettere a disposizione degli sfollati dell'ultimo terremoto due suoi appartamenti vuoti a Perugia, viene risposto di mandare un'e-mail. E lui scrive, specifica che le due abitazioni sono fornite di letti con lenzuola fresche e asciugamani puliti, e che si trovano a un quarto d'ora d'autobus dalla stazione.

Ma nessuno risponde. Lui insiste, riscrive.

Alla fine riceve questo messaggio di posta elettronica: «La ringraziamo per la sua gentile offerta in relazione alla crisi sismica iniziata il 24 agosto u.s. Al momento stiamo gestendo l'assistenza agli sfollati con l'allestimento di campi base sul territorio e alloggiamento in strutture alberghiere. Nel caso si rendessero necessarie ulteriori tipologie di alloggio terremo presente la sua proposta».

Alla faccia degli appelli alla solidarietà dei privati.

Non è solo una questione di rispetto e serietà. È soprattutto una questione di efficienza del sistema Paese e di funzionamento della macchina amministrativa. La burocrazia è un peso che grava sulle imprese e determina un'ulteriore perdita di competitività rispetto ai concorrenti stranieri sul mercato.

Perché se devi fronteggiare 888 scadenze fiscali spalmate su 250 giornate lavorative, che fatta la divisione fanno la mostruosità di un appuntamento immancabile con il fisco ogni sei ore e tre quarti, tutto ciò si traduce in un costo aggiuntivo che la Cgia di Mestre ha calcolato da 7 a 10 mila euro l'anno per ogni impresa italiana.

Attenzione: 7-10 mila euro l'anno è il costo che devi sopportare in termini di andirivieni dagli uffici erariali, dal commercialista e pure dall'assistente del commercialista in preda a crisi di nervi perché quello che vale oggi non è detto che valga domani. Nei 7-10 mila euro annui ricadono anche le ore che potresti dedicare alla tua impresa e invece sei costretto a passare in coda nei vari uffici fiscali della pubblica amministrazione.

Anche in questo caso, la Cgia di Mestre ha fatto un calcolo delle ore necessarie a portare a termine tutte le incombenze fiscali: mediamente 269 ore all'anno per ogni impresa, ovvero quasi 34 giorni lavorativi. Mentre nel Regno Unito ci vogliono 110 ore, in Francia 137, in Germania 218.

Se non si riescono a smaltire le code, tanto vale farle fruttare e trasformarle in una vera e propria occupazione. All'italiano certo non difettano l'ingegno e l'arte di arrangiarsi. Così è nata una nuova professione: il codista. Proprio così, colui che fa la coda al posto vostro dietro compenso. Nulla a che vedere con il parcheggiatore abusivo, per intenderci. Il codista non lavora in nero, ma svolge una mansione definita da un contratto collettivo nazionale e rilascia regolare ricevuta fiscale.

Mentre i codisti possono dormire sonni tranquilli, visto che negli uffici pubblici italiani le code non finiranno mai, diversi sono gli umori dei commercialisti in aggiornamento permanente effettivo. Con 120 mila leggi fiscali, non avrebbero forse tutto il diritto di essere classificati come categoria che svolge un lavoro disagiato? Anche perché i loro colleghi inglesi fanno un lavoro di tutto riposo dall'alto delle loro 2 mila norme tributarie, mentre i francesi, i tedeschi e gli spagnoli possono dormire tra due guanciali con i loro 5 e 8 mila regolamenti fiscali.

Alla luce di questa sproporzione, si capisce benissimo come le già svantaggiate piccole imprese italiane facciano ancora più fatica a contenere e ammortizzare dei costi aggiuntivi del tutto ingiustificati che possono solo subire passivamente.

Un recente rapporto di Confindustria ha calcolato che basterebbe aumentare l'efficienza della pubblica amministrazione anche di un misero 1 per cento per incrementare il prodotto interno lordo italiano dello 0,9 per cento. Lo stesso identico obiettivo che si era dato Matteo Renzi dopo una lunga sfilza di annate chiuse con il segno meno.

Ci vorrebbe qualcuno che avesse davvero la forza di controllare i controllori. Perché è proprio questo il paradosso italiano. Ogni singola impresa può essere sottoposta a 97 controlli per mano di 16 differenti agenzie, enti e istituti. Soltanto i settori «ambiente» e «sicurezza nei luoghi di lavoro» mettono insieme un totale di 50 possibili controlli da parte di 11 soggetti diversi. In campo fiscale, invece, ci sono più di 5 attori che possono procedere a ben 23 tipi di verifiche. Mentre in materia di contratti si contano fino a 18 controlli gestiti da 4 soggetti. I più «leggeri» sono i controlli amministrativi: solo 6, distribuiti tra 3 enti e agenzie.

Paga sempre chi produce. Pensate alla storia di quell'imprenditore che, per il semplice cambio di indirizzo della propria azienda, si è visto recapitare da un notaio un conto di oltre 2 mila euro. Sì, per l'esattezza 2.072,65 euro. Lo ha raccontato lui stesso al sito del *Corriere*.

Nello specifico, il conto era così composto: registrazione 168 euro, diritti camerali 90 euro, bolli 156 euro, tassa archivio 9,1 euro, onorari, diritti e spese notarili 1.363,26 euro, Iva al 21 per cento pari a 286,29 euro.

Davanti a una simile mostruosità, l'imprenditore ha invocato clemenza: «Qualche notaio mi dica che non è la tariffa normale ma che sono stato rapinato».

Al che, quelli del *Corriere* hanno contattato un professionista e gli hanno sottoposto il caso.

La conclusione è stata questa: la «registrazione» è dovuta per immatricolare l'atto all'Agenzia delle entrate, l'importo è fisso e corrisponde proprio a 168 euro. I «diritti camerali» sono i diritti di segreteria dovuti alla Camera di commercio per l'iscrizione della società al registro delle imprese e ammontano esattamente a 90 euro. Per «bolli» si intende l'imposta di bollo da pagare per la registrazione degli atti notarili tramite Mui (Modello unico informatico), il cui importo forfettario è di 156 euro. La «tassa archivio» è quella che il notaio versa per la gestione degli archivi notarili: per il cambio indirizzo ammonta effettivamente a 9,1 euro. Infine, la voce «onorari, diritti e spese notarili» – in questo caso, come si è detto, pari a 1.363,26 euro – dipende dal tipo di difficoltà che ha incontrato il notaio nella stesura dell'atto: più complicata è la pratica, più elevato è il prezzo.

Un giorno qualcuno dovrà trovare il coraggio di dire a tutti i cittadini italiani che chi riesce a fare impresa in questo Paese e porta a casa un risultato, fosse anche modesto, è un eroe. Un campione del mondo.

Povero imprenditore, gli sbattono in faccia il nanismo della sua attività rispetto ai concorrenti internazionali, come stiamo facendo anche in queste pagine.

Ma se mi rimetto nei panni di chi si alza al mattino e cerca di realizzare profitti per se stesso, per i propri dipendenti e per le loro famiglie, ecco che la prospettiva cambia.

Perché se sono un imprenditore inchiodato alla gestione familiare e alle piccole dimensioni della mia impresa, se nella gara dei cento metri sono costretto a partire trenta metri più indietro rispetto ai miei competitor esteri, non riuscirò mai a sviluppare il mio fatturato e ad accrescere il numero dei dipendenti.

È proprio di questo che si tratta. Riuscire a far varcare il confine ai propri prodotti diventa un'autentica via crucis. Per completare le procedure di esportazione occorrono ben 19 giorni. Nessuno registra tempi così lunghi. Come se non bastasse, il costo per container è fra i più alti d'Europa: 1.195 dollari, contro una media europea di 615.

Stessa musica per le procedure di importazione: 18 giorni di media contro i 10 dell'Eurozona, 1.145 dollari di costo per container contro 1.101.

Non è tutto: i tempi sono biblici anche per avviare un'attività economica. Il via libera per costruire un capannone è la base di ogni futura produzione e della riuscita di un progetto di impresa. Per mettere insieme tutti i permessi ci vogliono ben 234 giorni, 33 in più rispetto alla media europea. Soltanto la Slovacchia, con 286 giorni, e Cipro, con 677, registrano una situazione peggiore della nostra.

Dopo che hai ottenuto il benestare e hai realizzato i lavori, fra le altre cose devi allacciare la rete elettrica. Ma per questo ti toccherà attendere la bellezza di 124 giorni, vale a dire 4 mesi, contro una media europea di 102 giorni.

E a quel punto ti viene voglia di imparare il tedesco solo per fare un viaggio in Germania e farti spiegare nella loro lingua com'è che a loro bastano appena 17 giorni. Dopodiché, il primo pensiero è prendere baracca e burattini e trasferirti lì. O in Austria, dove per avere l'elettricità ci vogliono 23 giorni.

Quando finalmente sei partito con la tua nuova impresa, fai un calcolo complessivo dei costi di avviamento dell'attività e scopri che hai impiegato oltre il 14 per cento del reddito pro capite, contro il 4,5 della media europea. In Slovenia non costa praticamente nulla. Vuoi fare impresa e creare ricchezza e occupazione? Grazie per averci provato, è gratis, auguri.

Nel nostro Paese, invece... Il povero Bernardo Caprotti, patron di *Esselunga*, nel settembre 2013 aveva scritto una lettera aperta al *Corriere della Sera*, partendo dalle difficoltà ad aprire nuove sedi sul territorio ma finendo per stilare un vero e proprio *cahier de doléances* degli imprenditori vessati dalla burocrazia e dalla pubblica amministrazione. Vale la pena riportare alcuni stralci della sua lettera, per coglierne il dolore e la rabbia ma anche, nonostante tutto, la determinazione.

«Siamo un'azienda di qui, una multiprovinciale che neppure riesce a insediarsi a Genova o a Modena, per non dire di Roma, dove i nostri urbanisti si sono recati forse duemila volte in dodici anni nel tentativo di superare ostacoli di ogni genere, per incontrare adesso il *niet* del nuovo sindaco, del quale si può dire soltanto che è un po' *opinionated.*

«Siamo un'impresa al 100 per cento italiana che deve difendersi dalla pubblica amministrazione in tutte le sue forme e a tutti i suoi fantasiosi livelli ogni giorno che Dio comanda. Tassata al 60 per cento, non più minimamente libera di scegliersi i collaboratori (la signora Fornero ha 'garantito' anche i soggetti assunti in prova), *Esselunga* si trascina. Porta ancora avanti vecchi progetti, cose nelle quali, *incredibile dictu*, si era impegnata ancora al tempo delle lire.»

Quello che dice Caprotti è la sacrosanta verità e diventa una sentenza di condanna inappellabile per il nostro sistema Paese: «Per realizzare un punto vendita occorrono mediamente da 8 a 14 anni. Ma per Legnano 24; mentre a Firenze forse apriremo l'anno prossimo una *Esselunga* di là d'Arno, un'iniziativa partita nel 1970!»

Nel 1970. Quasi mezzo secolo. Un tempo infinito capace di far perdere la voglia perfino a un campione del mondo di laboriosità e tenacia come Bernardo Caprotti: «Così, ultimamente, abbiamo cancellato ogni nuovo progetto».

Ecco, vi invito a riflettere. Se tu Stato metti mille ostacoli sulla mia strada, o mi punisci addirittura per la voglia di fare, quale risultato ottieni? Che io imprenditore tiro i remi in barca, nella migliore delle ipotesi. E mi godo un po' di più la mia famiglia o i miei amici. Oppure chiudo i battenti e provo a campare di rendita o di investimenti finanziari con quello che mi rimane. E chi paga il conto più salato di questo processo che si conclude con la mia rinuncia? I lavoratori, i dipendenti, le loro famiglie, l'occupazione, il benessere generale del Paese.

Ma torniamo a Caprotti, che per fortuna dei dipendenti *Esselunga* e dell'Italia aveva una tempra tale da non farsi schiacciare neppure da un carro armato.

«Ecco, caro direttore, la pallida risposta di un'azienda che di problemi ne ha troppi, che si avventura ogni giorno in una giungla di norme, regole, controlli, ingiunzioni, termini, divieti che cambiano continuamente col cambiare delle leggi, dei funzionari, dei potenti.

«Uno slalom gigante con le porte che vengono spostate mentre scendi. Un'azienda affondata nelle sabbie mobili italiane. Oberata da un esiziale carico fiscale atto solo a sostenere tutto ciò che nel Paese è sovvenzionato. Cioè quasi tutto.»

In questo passaggio sul fisco, che approfondirò più avanti, è ben riassunto il senso della razzia dello Stato ai danni delle imprese.

«Noi abbiamo soltanto cercato di dare un po' di eleganza, di efficienza, di carattere a un mestiere assai umile. A livello internazionale ciò ci è riconosciuto. Ma nel Paese non siamo ben accolti.»

Naturalmente Caprotti si riferisce alle istituzioni, e formula un'accusa ben precisa.

«Facciamo un mestiere che nel nostro stranissimo Paese è politico. Perché? Perché sono 'politici' i due più grandi operatori nazionali. Fuori non riescono neppure a capirlo. Ma sono tante le cose che gli stranieri non possono capire di noi, di un Paese che se fosse rimasto libero e normale sarebbe potuto andare chissà dove.

«Imprenditori straordinari fecero nel dopoguerra aziende straordinarie. Ma gli imprenditori sarebbero poi diventati tutti incapaci, a meno che non se ne fossero andati a operare altrove.»

Uno Stato opprimente

C'È troppo Stato.

Uno Stato che, con la scusa di accompagnarti e facilitarti nelle tue mille incombenze, finisce inevitabilmente per complicarti l'esistenza, rendendo macchinoso e cervellotico tutto ciò che è semplice.

Uno Stato che, anche quando è guidato dalle migliori intenzioni, strada facendo perde di vista la difesa degli interessi dei cittadini e si trasforma in un'entità opprimente, invasiva e parassita.

Faccio i necessari distinguo. Alcuni compiti e poteri, fondamentali per il buon funzionamento di una società, non possono che essere di esclusiva competenza dello Stato. Penso alla sicurezza, all'ordine pubblico, alla giustizia. Ma non certo alla sanità, alla scuola, ai servizi locali come per esempio la raccolta dei rifiuti. Settori in cui l'apporto parziale se non totale dei privati potrebbe produrre benefici in termini di efficienza e costi minori a carico degli utenti.

Troppo Stato significa troppa spesa pubblica, troppe tasse, servizi spesso scadenti.

Una volta c'è di mezzo un ministero, una volta la regione, la provincia, i comuni. Dietro ogni istituzione si nasconde sempre la politica, che dove riesce monopolizza oppure occupa l'economia, condizionandone il funzionamento e creando disservizi e costi aggiuntivi.

La politica non sceglie quasi mai il migliore, ma quasi sempre il più fedele. Mentre quelli bravi sono costretti a scappare.

Il più fedele, a sua volta, si circonda di seguaci devoti. Nessuno, in ogni caso, le cui qualità vengano percepite come potenziali minacce alla propria posizione di comando.

Si fanno concorsi pubblici su misura, e quando capita qualche persona ingenua, che vive in un suo mondo favoloso in cui le cose sono «normali», nessun problema, si azzera tutto e si ricomincia da capo.

È esattamente ciò che è successo durante le selezioni per un posto di coadiutore amministrativo al Dipartimento prevenzione veterinaria dell'Azienda sanitaria locale di Pavia.

Viene indetto un concorso pubblico, gli ammessi alla graduatoria sono sessantaquattro e svolgono l'esame suddiviso in tre parti, con idoneità fissata a sei punti su un massimo di nove. Verificate le risposte ai test, la commissione dichiara idonea una sola candidata, il cui nome non è stato reso pubblico, che chiameremo Amélie.

Il concorso era diretto all'assegnazione di un posto, c'è un idoneo: la messa è finita, andate in pace?

Magari. Mentre Amélie si prepara al suo nuovo lavoro meritatamente conquistato, arriva un decreto del direttore generale dell'Asl di Pavia che è un capolavoro di burocratese.

Fatta una lunga premessa in cui «visto che» compare cinque volte, «richiamato che» tre volte e «preso atto che» quattro volte, dopo aver acquisito i pareri del direttore amministrativo e di quello sociosanitario, ecco che a «tutela dell'interesse pubblico», il direttore generale dichiara «necessario procedere all'annullamento» delle selezioni in «autotutela degli atti endoprocedimentali».

Certo gli atti endoprocedimentali non possono venire calpestati da un'Amélie qualsiasi che si azzarda a rispondere correttamente alle domande stabilite in un concorso pubblico.

Il direttore generale dunque dispone il «rinnovo della fase valutativa» di tutti i «candidati presenti alle tre convocazioni», al fine di «assicurare il superamento del vizio rilevato».

Messa così sembra una cosa seria.

Ma quale mai sarà questo vizio procedurale o di forma talmente grave da pregiudicare l'esito di un concorso pubblico e determinare addirittura la sua ripetizione? Cosa può essere successo di così grave? Gli esami sono stati truccati? C'erano degli errori tali da compromettere il risultato? Si è scoperto che qualche commissario aveva passato le risposte?

Macché! Il vizio è questo: «Le domande formulate dalla commissione esaminatrice nell'ambito delle tre convocazioni non rispettano, in termini di eccessiva complessità, le indicazioni del bando per quanto attiene alle prove di idoneità in esso contenute, con conseguente violazione della *lex specialis* che il bando medesimo costituisce».

In sostanza, le domande erano troppo difficili. E Amélie, che le ha indovinate quasi tutte, è troppo brava per essere assunta.

Se qualcuno nutrisse qualche dubbio, sappia che questa è una storia vera.

La politica, dall'alto della sua pericolosa incompetenza, distrugge quasi tutto ciò che tocca: dalla sanità all'istruzione, dal turismo al grande patrimonio culturale e museale.

Vogliamo parlare di sanità? Allora andiamo dritti al cuore della questione: gli ospedali sono dei mastodontici bacini di voto. E la politica sguazza dentro le corsie, dove porta avanti vere campagne elettorali causando disservizi e danni gravissimi. Perché con la sanità non si dovrebbe scherzare. Perché di sanità si muore.

Gli interessi in ballo sono talmente grandi che la sanità pubblica è di fatto uno dei principali centri di potere, corruzione e clientelismo politico presenti sul territorio nazionale.

È risaputo che spesso l'appartenenza a un partito o a una corrente di partito prevale sui meriti professionali nelle carriere degli stessi medici. Con ricadute gravi sulla buona organizzazione dell'ospedale e sulla salute dei pazienti.

La situazione peggiore è al Sud, dove spesso la sanità pubblica è indegna di un Paese civile.

È indegna perché si tengono in piedi ospedali sporchi, fatiscenti, con personale inadeguato, soltanto perché fanno comodo a qualcuno.

È indegna perché la scelta dei direttori generali, sanitari, amministrativi è sottratta a ogni criterio di merito e di interesse generale. Funziona così, e chissenefrega se si rivelano dei poveri incompetenti.

Risultato: i medici bravi scappano e quelli che si ostinano a rimanere – gente che per amor proprio o per passione si spezza la schiena e va avanti cercando di salvare il salvabile – vengono messi da parte o ridotti in condizione di non nuocere ai manovratori.

Non si potranno mai abbassare in modo serio e significativo le tasse, se prima non si riuscirà a ridurre la spesa pubblica e a liberalizzare servizi essenziali per la cittadinanza come la raccolta dei rifiuti, l'acqua, l'energia elettrica, che sarebbero sicuramente forniti in modo più efficiente ed economico se affidati a imprese private.

Ma la politica fa di tutto per non perderne il controllo, riparandosi dietro i presunti benefici per la collettività e propagandando la gestione pubblica come l'unica in grado di contenere gli interessi dei privati. E nel frattempo realizza ingenti ritorni economici che scarica sui portafogli dei cittadini.

Perché questa è la verità: l'intermediazione politica non è mai gratis, si paga.

L'ex commissario alla revisione della spesa, Carlo Cottarelli, era riuscito nell'impresa titanica di censire tutte le società partecipate dalle varie amministrazioni locali. Alla fine ne aveva contate 7 mila 726, per un totale di oltre mezzo milione di dipendenti. Metà di queste risultavano totalmente in mano pubblica o a maggioranza pubblica.

Nel solo anno preso a riferimento, le loro perdite complessive ammontavano a 1 miliardo 200 milioni di euro. La sola Atac, l'azienda responsabile del servizio di trasporto urbano di Roma, in otto anni aveva accumulato oltre 1 miliardo di perdite, la maggior parte delle quali dovute a un organico spropositato rispetto al servizio offerto alla cittadinanza: circa 12 mila dipendenti, ben 3 mila in più rispetto alla sua omologa milanese, l'Atm, che sui dipendenti aveva un costo inferiore del 20 per cento.

Cottarelli aveva predisposto un piano che prevedeva la chiusura delle partecipate non operative, l'accorpamento di molte altre, troppo piccole in termini di fatturato o di dipendenti, il divieto di partecipazione in società che offrono servizi privi di rilevanza economica, l'uscita dalle società in cui gli enti pubblici avevano quote inferiori al 10 per cento. Il risultato di tutte queste misure coordinate, secondo il progetto dell'ex commissario alla revisione della spesa, avrebbe portato a una notevole riduzione: da 8 mila partecipate a non più di mille. Quante ne conta la Francia, che pure ha uno Stato grande e muscoloso.

A parole tutti d'accordo, ma nei fatti ogni tentativo di tagliare la spesa pubblica è destinato a cadere nel vuoto.

È la solita manfrina. Alla fine del concerto, dopo gli annunci in pompa magna, le conferenze stampa, i titoloni di apertura sui giornali, le analisi sugli effetti per l'economia e le eventuali conseguenze politiche, la spesa pubblica è rimasta com'era, o è addirittura cresciuta.

Intanto la società affonda, imprigionata in quello che il professor Angelo Panebianco chiama «il triangolo della morte», ai cui vertici stanno le tasse, altissime, la spesa pubblica in aumento e la burocratizzazione che imbriglia il corpo sociale attraverso lacci e lacciuoli fino a soffocarlo.

Al centro del triangolo, invece, c'è la macchina amministrativa in tutte le sue ramificazioni centrali e periferiche. Si nutre di spesa pubblica e di tasse e blocca, grazie al supporto di una magistratura amministrativa che le copre le spalle, ogni tentativo di invertire la rotta.

Alla fine, il conto lo pagano sempre le imprese. Gli ultimi calcoli realizzati dall'ufficio studi della Cgia quantificano in 30 miliardi di euro l'anno la mancata crescita a causa dell'inefficienza della pubblica amministrazione.

Tutto questo ha delle conseguenze pratiche in termini di costi ulteriori per le imprese che operano in contesti di pubblica amministrazione svantaggiata. Prendiamone per esempio due che svolgono la stessa attività in concorrenza sul mercato nazionale, una con sede a Siracusa e l'altra a Bolzano. La prima deve correre più veloce per liberarsi dalla zavorra e riuscire a tenere il passo della seconda.

Torniamo agli studi della Cgia, che offrono un quadro preciso. Qualità dei servizi pubblici, imparzialità nell'offerta, corruzione: su queste tre leve sono stati interpellati i cittadini per ricavare un indice di qualità.

Ebbene, analizzando gli Stati nazionali, la pubblica amministrazione italiana si colloca al diciassettesimo posto su ventitré Paesi oggetto di indagine. Soltanto la Grecia, la Croazia, la Turchia e alcuni Paesi dell'ex blocco sovietico fanno registrare un indice di qualità inferiore al nostro. Mentre i Paesi del Nord Europa – Danimarca, Finlandia, Svezia e Paesi Bassi – occupano le prime posizioni della classifica.

Il cittadino alle prese con la pubblica amministrazione spesso si arrovella nel cercare di trovare una logica in procedure e adempimenti che appaiono totalmente inutili.

Ma l'unica logica è l'autoriproduzione degli apparati burocratici. Punto. Più le regole sono complesse e incomprensibili, più c'è bisogno non soltanto di chi è istituzionalmente chiamato a mettere ordine (e invece fa solo disordine), ma anche di una serie di figure professionali di mediazione, come avvocati e commercialisti, che aiutano il cittadino a difendersi e a non incappare nei controlli.

Ma se il cittadino, pur coadiuvato, alla fine qualcosa sbaglia, ci sarà sempre maggior bisogno di controllori, e di controllori degli stessi controllori.

C'è da impazzire. Però questa è la verità. Alla fine, il conto per mantenere tutto questo mucchio selvaggio lo paga il cittadino che lavora e produce. E che si vede letteralmente sequestrare una parte consistente dei propri guadagni per mantenere chi lo opprime.

Il quale spesse volte è pure un incompetente. Quale altro termine si può usare, quando si scopre per esempio che di una legge fondamentale per la nostra economia come il codice degli appalti non ne capisce nulla nemmeno chi l'ha scritta, al punto che su 220 articoli si contano 181 errori?

Mi limito agli strafalcioni meno tecnici ma più immediatamente comprensibili: come si può scrivere «in sito dire periti archeologici», invece di «in sito di reperti archeologici»? O «casi di pagamento di retto dei subappaltatori», invece di «casi di pagamento diretto dei subappaltatori»? Si può essere così sciatti da scrivere «per l'attuazionedelledirettive» tutto attaccato senza spazi, o «servivi di ingegnera»?

Neppure una rilettura? Un banalissimo controllo? Roba da prendere il funzionario che ha approvato il testo e licenziarlo in tronco. Eppure, quanto siete disposti a scommettere che nessuno avrà pagato?

Anzi, non mi stupirei se venisse fuori che anche questo funzionario ha ricevuto il «premio di performance» assegnato a fine 2016 all'89 per cento degli alti burocrati di Palazzo Chigi.

Sono tutti così bravi, intelligenti e preparati? Sicuramente stanno tutti bene. Gli obiettivi in base ai quali calcolare i premi sono stabiliti dai manager stessi. Il risultato? Premi a pioggia su tutti, che si aggiungono ai lauti stipendi. Per avere un'idea di quanto vengano pagati, bisogna prendere il reddito pro capite di un cittadino italiano e moltiplicarlo per una forchetta che va da dodici a sessantatré. In ogni caso, guadagnano tre volte più dei colleghi tedeschi.

Superpagati e supergarantiti, insomma. Ma in quale altro ambito della vita sociale ed economica un professionista che sbaglia in modo così grossolano viene lasciato tranquillamente al suo posto? Immaginatevi un barista che sbaglia 181 cappuccini su 220, o un rigorista che calcia fuori 181 volte su 220...

C'è poco da scherzare, purtroppo. Perché, prima ancora che gli errori nel codice degli appalti venissero rilevati, una platea di professionisti e imprenditori costretti a sottostare a queste leggi e regolamenti era ammattita nel cercare di venire a capo di un testo già incomprensibile di suo.

* * *

Fosse per me, non guarderei in faccia nessuno e passerei sul terreno della pubblica amministrazione con un tagliaerba. Toglierei subito il bastone da feldmaresciallo dalle mani dei giuristi e impedirei a chi possiede la sola preparazione giuridica l'accesso ai vertici della pubblica amministrazione. I posti di responsabilità li assegnerei a professionisti in grado di valutare l'impatto delle norme sui destinatari.

Imperativo categorico: sciogliere, tagliare, accorciare, semplificare.

Non sono un ingenuo, so che il mio è un sogno difficilmente realizzabile, perché l'apparato amministrativo è così potente da riuscire alla fine a piegare perfino il politico più volenteroso e determinato.

I presidenti del Consiglio, con tutti i loro buoni propositi e le loro dichiarazioni di guerra, passano. I *civil servants* (i dipendenti pubblici) li tengono in ostaggio e poi, quando l'opinione pubblica contesta le cose non realizzate o l'ennesima occasione sciupata, li aspettano al varco e li usano come parafulmini.

Altro giro, altra corsa.

Un altro mondo è possibile: il caso Singapore

Un altro mondo è possibile? Certo, basta mettere da parte l'arroganza intellettuale di gran parte delle classi dirigenti italiane e provare a curiosare in giro.

Senza puzza sotto il naso. Perché se pensi di aver solo da insegnare per il fatto che discendi direttamente da Caravaggio, Michelangelo e Leonardo, allora è meglio che te ne stai a casa.

Prima ho citato l'esempio dello sviluppo imperniato sul turismo degli Emirati Arabi, con gli eccezionali processi di crescita economica generale registrati ad Abu Dhabi e Dubai.

Ora voglio soffermarmi sul caso Singapore, una vera e propria città-Stato che raggruppa una sessantina di isole situate nel Sud-Est asiatico, nell'estrema punta meridionale della penisola malese.

Agli inizi degli anni Novanta, Singapore versava in

una situazione sociale, economica e politica a dir poco drammatica. Povertà, nessuna risorsa naturale su cui puntare per trainare il tessuto produttivo, mancanza di coesione sociale, gravi tensioni tra cittadini malesi, cinesi e indiani.

Un autentico disastro, al quale fatica a credere chi oggi visita la città per turismo o per lavoro. Soltanto nel periodo compreso tra il gennaio e l'ottobre 2016, Singapore ha contato la bellezza di 13 milioni 651 mila visitatori, il 10 per cento in più rispetto allo stesso periodo dell'anno prima. Una curva in continuo e inarrestabile aumento.

E cosa ci vanno a fare i turisti a Singapore? La risposta è semplice: shopping.

Ridete pure. Ma i miliardari cinesi, indiani e indonesiani – ovvero tutta l'aristocrazia economica asiatica – vanno in quella che è stata definita la Svizzera d'Oriente perché possono alloggiare in grandi alberghi sontuosi e poi uscire per comprare capi d'abbigliamento, accessori e prodotti dei più grandi marchi di lusso del pianeta.

Come ha fatto Singapore a diventare uno dei centri più attrattivi al mondo per i ricchi che hanno tanti soldi da spendere e che noi italiani schifiamo e guardiamo con orrore dall'alto dei nostri sempre più lontani ricordi di prosperità e benessere?

Ha investito e costruito, seguendo una strategia ben precisa, ovvero quella di diventare una destinazione ambita dai milioni di milionari di tutto il mondo che sono attratti dal mito del consumo, dall'irresistibile richiamo del brand, dalla potenza magnetica del marchio.

Parlano tutti di Singapore. I ricchi scelgono, partono, spendono e lasciano ricchezza, non problemi e costi per rimuovere le tracce del loro passaggio. Come quelli con lo zainetto che si fermano in spiaggia, accendono il falò, mangiano, bevono e se ne vanno senza portar via bottiglie e legna bruciacchiata.

Con questo non voglio certo dire che bisogna seguire tutti la strada di Singapore. Ognuno valorizzi quello che ha da offrire, studi una strategia, investa, costruisca, realizzi e faccia di tutto per sfruttare le proprie potenzialità.

La vera domanda che ci dobbiamo porre noi italiani di fronte alla straordinaria rinascita di Singapore è questa: come è stato possibile riuscire a reinventarsi e a concentrare tutte le energie del Paese verso un obiettivo comune e condiviso?

Come è potuto succedere che le lotte intestine sociali non abbiano alla fine prodotto la più classica delle impasse? Come si è riusciti a scavalcare gli alti burocrati, le procure, la pubblica amministrazione che si mette di traverso?

Per scoprirlo, ora ci sediamo comodi e ci facciamo raccontare tutto da colui che viene giustamente indicato come il massimo esperto italiano in fatto di merito, capacità, talento, regole per crescere: Roger Abravanel, autore del libro *Meritocrazia*.

Prima di tutto, bisogna chiarire che Singapore non è un modello di democrazia. Tutt'altro. Il suo sistema politico non può e non deve certo essere eretto a modello per il mondo occidentale. Il quale, tuttavia, farebbe bene a studiare il complesso amministrativo pubblico della città-Stato asiatica che per trent'anni è stata governata dal primo ministro Lee Kuan Yew, morto nel 2015 e vero artefice del miracolo economico che ha portato benessere a tutti i 5 milioni di abitanti.

Abravanel racconta di un incontro con Lee Kuan Yew al termine del quale il manager, ex consulente McKinsey, dopo aver preso atto degli straordinari progressi di Singapore nei più disparati settori – infrastrutture, trasporti, industria, servizi, turismo –, chiese all'ex primo ministro quale lezione se ne potesse trarre. La risposta fu: «Meritocracy, meritocracy, meritocracy».

In una parola: meritocrazia. Un concetto pressoché sconosciuto dalle nostre parti.

Lee Kuan Yew, laureatosi a Cambridge con lode e considerato da Henry Kissinger «l'uomo più intelligente d'Oriente», aveva capito che, non potendo contare sui dollari ricavati dall'estrazione del petrolio, di cui il suo territorio era sprovvisto, doveva puntare tutto sull'unica risorsa che aveva a disposizione: il capitale umano.

Ricordate quanto si è detto in precedenza a proposito del capitale umano come fattore decisivo nella partita per il futuro?

Scommettendo tutto sul capitale umano, Lee Kuan Yew ha creato a tavolino l'amministrazione pubblica migliore del mondo, superiore di gran lunga perfino a quella francese, che pure viene da sempre indicata come punto di riferimento per i Paesi occidentali.

La costituzione di Singapore pone la meritocrazia come principio fondamentale, e prevede che la Public Service Commission, un apposito organo super partes dotato di rango costituzionale, vigili sulla sua attuazione.

Pensate ora all'assurdità di considerare come la migliore del mondo una costituzione come quella italiana, approvata in un'altra epoca e quasi su un altro pianeta.

Pensate all'ignoranza di chi la definisce ancora attuale o alla malafede di chi la difende perché ha tutto l'interesse che non venga toccata e perché, se solo venisse infranto quel muro di vetro, i cocci rischierebbero di cadergli addosso.

E, già che ci siamo, pensate alla straordinaria occasione

persa con il no al referendum costituzionale, che non proponeva certo la migliore delle riforme possibili, ma almeno aveva il merito di provare a scheggiare quel muro.

La meritocrazia fra i principi fondamentali della costituzione di Singapore: una bestemmia per un Paese come l'Italia, che sprofonda nelle sabbie mobili della mediocrità e arriva al paradosso di annullare un concorso pubblico perché la vincitrice è troppo brava.

La Public Service Commission di Singapore ha il compito di individuare i migliori talenti. Ma, una volta che li ha scovati, non se ne lava le mani per andarsene a fare una passeggiata in riva al mare al tramonto: li accompagna e li valuta durante tutto il loro percorso.

La selezione avviene al quarto anno delle scuole elementari.

A Singapore, il 7 per cento circa dei migliori ragazzi individuati viene inserito in percorsi formativi d'eccellenza che passano per scuole secondarie e università sia nazionali sia estere. Singapore infatti ha da ben venticinque anni un accordo con la Kennedy School of Government di Harvard per far studiare lì i suoi migliori talenti.

Tutto ciò grazie a un ricco paniere di borse di studio che ogni anno premia da 4 a 5 mila giovani meritevoli ma incapaci di sostenere i costi di questi percorsi di studio d'alto livello.

Chiudete gli occhi e sognate: ogni anno lo Stato italiano prende i 5 mila studenti più meritevoli e finanzia i loro studi nelle migliori università nazionali e straniere...

Ridiscendiamo sulla Terra. Ultimato il percorso di studi, la Public Service Commission inserisce i laureati in percorsi accelerati per entrare nella pubblica amministrazione, dove vengono ulteriormente formati e selezionati per un periodo di quattro-cinque anni che si conclude con l'accesso alle posizioni più prestigiose. Alla fine di questo giro di giostra, la maggior parte di loro è ancora trentenne.

C'è di che deprimersi. Ma questa è la realtà che molti italiani non vedono, non conoscono mentre pensano di poter ancora sopravvivere di rendita.

Un modello perfetto, almeno sulla carta. Chiaro poi che per realizzarlo ci vogliono le condizioni ambientali adeguate.

Lee Kuan Yew individuava due leve essenziali per far crescere questo modello meritocratico: il rispetto della legalità, che passa per una lotta senza quartiere contro ogni forma di corruzione; e un sistema educativo efficiente, che sta alla base della formazione e della selezione della classe dirigente dell'amministrazione pubblica, ma che di riflesso irradia tutta la popolazione.

Torno alla malinconica realtà italiana e vado direttamente alla risposta: da noi non si può fare.

Roger Abravanel ci ha perfino provato. Ha elaborato un programma concreto dal titolo «Mille leader per la pubblica amministrazione», ispirato in diversi punti al modello di Singapore, e lo ha presentato a vari governi che si sono succeduti alla guida dell'Italia.

Il progetto parte dalla selezione dei migliori diplomati delle scuole superiori (non sulla base dell'esame di maturità, che come per magia premia nei voti sempre gli studenti del Sud, ma attraverso test standard tipo Invalsi) e dal loro inserimento in percorsi di crescita nei migliori atenei. Per i più brillanti prevede borse di studio che permettano di frequentare le grandi università estere. Al rientro, costoro verrebbero poi inseriti in progetti di grande visibilità con carriere programmate su misura e il vincolo di prestare servizio per almeno cinque anni nel settore pubblico.

L'adattamento italiano di Abravanel sembra mettere in conto la presumibile voglia di scappare, una volta sbattuta la faccia con la nostra pestifera burocrazia.

Ma naturalmente è un progetto rimasto sulla carta.

Il Paese-Italia è immobile. I figli dei ricchi sono destinati a rimanere tali o a vivacchiare di rendita; i figli dei poveri, salvo rare eccezioni, a morire poveri.

Se qualcuno nutrisse dei dubbi, può dare un'occhiata

a una ricerca condotta dagli economisti della Banca d'Italia Guglielmo Barone e Sauro Mocetti, che ha fatto scalpore e attirato l'attenzione di tutto il mondo.

Gli studiosi sono andati a spulciare i dati del catasto fiorentino inaugurato nel 1427, nel quale erano elencati i redditi e le occupazioni delle famiglie della città. Era la vigilia della presa del potere da parte dei Medici, la famiglia di banchieri più ricca di Firenze.

Ebbene, a seicento anni di distanza, dopo regni e ducati, monarchie e repubbliche, partiti comunisti e partiti democratici, la situazione economica e sociale di Firenze sembra non essere cambiata.

Le famiglie più ricche di allora sono ancora oggi quelle più benestanti.

I più ricchi «tra quelli che pagano le tasse oggi» sono gli stessi che erano in cima alla scala sociale nel Quattrocento. Per rispetto della privacy, gli studiosi hanno sostituito i nomi delle famiglie con delle lettere, ma il risultato è comunque impressionante. Davvero l'Italia appare come la patria dell'immobilismo sociale.

E la stessa conservazione dinastica si ritrova nelle professioni, dove esiste una sorta di pavimento di cristallo che impedisce ai discendenti delle famiglie ricche di scivolare verso i gradini più bassi della società. Quindi è molto probabile che un fiorentino diventi banchiere, farmacista, orafo, se il suo cognome è lo stesso di coloro che esercitavano la stessa professione seicento anni prima.

Quasi nessuno degli alti burocrati italiani ha la più pallida idea di come funzioni il mondo dell'impresa perché l'alta burocrazia non è dinamica, è statica. È un potere autoreferenziale totalmente sganciato dai meccanismi del mercato.

Non c'è nessun ricambio nelle posizioni di vertice della pubblica amministrazione, nessun innesto dall'esterno. E poi stipendi bassi, organici con molta più gente rispetto a quella che servirebbe, assenza di merito, nessuna possibilità di carriera per i più bravi. La formazione per migliorare le competenze è pressoché nulla. Tutto ciò anche grazie alle resistenze corporative dei sindacati.

Il compito principale della nostra burocrazia è quello di gestire l'ordinaria amministrazione e di controllare il normale svolgimento di pratiche, procedure, iter, corsi, ricorsi e concorsi che, per la maggior parte, non servono a nulla se non a legittimare e a perpetuare l'esistenza della «specie».

La speranza di salvezza è nei giovani, nei ventenni e

nei trentenni di oggi: i soli che possano affrontare una battaglia contro l'immobilismo.

Nel frattempo, facciamo in modo che i contratti di dirigenti pubblici, capi di gabinetto, segretari generali, direttori generali, capi dipartimento siano rigorosamente a termine: due o tre anni al massimo, rinnovabili una sola volta.

Basta posti a vita, basta patriarchi inamovibili. Spoils system selvaggio a ogni nuova stagione politica. Chi vince le elezioni deve avere la possibilità di affidarsi alle professionalità che ritiene migliori, più qualificate e capaci di realizzare il proprio programma. Se non farà bene e non realizzerà tutto ciò che ha promesso, se ne assumerà le responsabilità con gli elettori, davanti ai quali non potrà accampare scuse.

Spalanchiamo le porte della pubblica amministrazione alle forze esterne giovani e vitali che abbiano il coraggio di osare senza avere le spalle coperte.

Perché il futuro è loro.

La corruzione si combatte con un sano conflitto di interessi

Piuttosto che semplificare, la burocrazia trasforma gli uffici e le procedure della pubblica amministrazione in labirinti ansiogeni, dove l'utente si perde e non riesce più a trovare l'uscita.

Alla fine, per far valere diritti fondamentali che gli sono riconosciuti dalla costituzione, il cittadino è costretto a chiedere dei favori. Perfino per non essere dimenticato nella sala d'attesa di un pronto soccorso.

Quando la strada è lunga e tortuosa, la ricerca di una scorciatoia spesso appare inevitabile. La richiesta di un piacere personale è una dichiarazione di sudditanza e nello stesso tempo un riconoscimento del ruolo e del potere del concedente, che al momento opportuno ti presenterà il conto sotto forma di una restituzione della cortesia che non potrai rifiutare.

Cresce la burocrazia, crescono le opportunità per

corrotti e corruttori. È una certezza ricavata da un'analisi attenta del fenomeno, dalla lettura dei dati italiani e dal confronto con quelli degli altri Paesi.

L'associazione non governativa Transparency International, che studia e analizza la corruzione in tutto il mondo, ha calcolato che dal 2001 al 2015 la Germania ha migliorato la sua posizione nella graduatoria mondiale della corruzione percepita, salendo dal ventesimo al decimo posto.

Nello stesso periodo, all'opposto, l'Italia è precipitata dalla posizione numero ventinove alla sessantuno, con un salto all'indietro di ben trentadue caselle.

L'economista italiano Mario Baldassarri ha stimato che più o meno nello stesso arco di tempo, dal 2002 al 2014, se l'Italia avesse combattuto con decisione la corruzione e l'evasione fiscale, il prodotto interno lordo sarebbe cresciuto almeno del 17 per cento rispetto a quello attuale.

Si può discutere sulla percentuale, se il calcolo di Baldassarri vada rivisto per eccesso o per difetto, ma nulla si potrà mai eccepire rispetto al fatto che la corruzione non rappresenta soltanto un danno economico diretto per lo Stato: mescolandosi con la burocrazia e l'inefficienza della pubblica amministrazione, diventa un macigno che frena e addirittura blocca lo sviluppo di tutto il Paese.

Il giornalista Sergio Rizzo ha quantificato in 60 miliardi di euro l'anno il danno provocato dalla corruzione. La Corte dei conti non ha mai voluto confermare questo dato sconcertante; ma, secondo le stime fatte a suo tempo dal governo guidato da Mario Monti, la corruzione farebbe salire il prezzo delle opere pubbliche di almeno un 40 per cento.

La corruzione è un morbo che ammazza il Paese, mortifica l'intraprendenza, spegne ogni velleità di innovazione.

La corruzione decreta la vittoria del singolo e la sconfitta della collettività. Distrugge la concorrenza e annienta i benefici che potrebbero derivare dal libero mercato.

Ogni volta che scoppia uno scandalo, è come se venisse portata in scena l'ennesima commedia che non fa ridere, con attori che cambiano ma recitano un copione identico.

Titoli sui quotidiani, aperture dei telegiornali della sera, pubblicazione di intercettazioni anche su particolari che nulla hanno a che vedere con i reati, polveroni mediatici, opinione pubblica indignata, social network grondanti rabbia e insulti, spari a raffica nel mucchio, governi che fanno la faccia cattiva.

Poi, all'improvviso, scoppia un altro scandalo, si verifica un caso efferato di cronaca nera o il video pruriginoso di una povera ragazza che sarebbe dovuto restare privato finisce nel fango della rete, e l'indignazione popolare viene caricata su un treno merci e trasportata in un'altra stazione.

Intanto il tempo passa, e un bel giorno, magari per caso, si scopre che quasi nessuno di quei malfattori è andato in galera, che diversi di loro hanno patteggiato, hanno avuto sconti di pena o hanno beneficiato dell'indulto e sono tornati a fare esattamente quello che facevano prima, anche se in posti e contesti diversi.

Potrei farvi una carrellata di esempi tale da farvi rodere il fegato.

Sarò buono, si fa per dire, perché molti di voi solo a leggere del fatidico «compagno G» sono certo che saranno preda di gastrite nervosa. Ricordate? L'ex cassiere del Partito comunista, il compagno Primo Greganti, arrestato su ordine del pubblico ministero Antonio Di Pietro durante la stagione di Mani Pulite a Milano nei primi anni Novanta.

Dopotutto, nel 2014 lo stesso presidente del Consiglio ha detto in televisione che i corrotti in galera erano soltanto 270.

Della serie: o siamo la patria delle virtù civiche, oppure la nostra giustizia non funziona.

Se un presidente del Consiglio volesse davvero cambiare verso, e hashtag su Twitter, potrebbe cominciare con il chiudersi in una stanza con il suo ministro della Giustizia e provare a far prevalere il buon senso: processi veloci, condanne commisurate all'entità del reato, niente sconti, niente patti con il diavolo, certezza della pena.

La lotta alla corruzione deve abbandonare i vecchi schemi che si ripetono da anni senza successo e percorrere strade nuove. Gli Stati Uniti, per esempio, puntano molto sul cittadino come prima sentinella civica a presidio dell'operato della pubblica amministrazione.

Bisogna stimolare la denuncia dal basso e premiare chi spiffera, evitando che venga poi trattato come una spia.

Chi vigila e vuota il sacco deve ricavarne dei vantaggi. Negli Stati Uniti, se un addetto di un pubblico ufficio denuncia un caso di corruzione di cui viene a conoscenza nell'ambito del proprio lavoro, e se la denuncia si dimostra fondata, riceve un aumento di stipendio o una promozione. Allo stesso modo, va incontro a una diminuzione salariale o a un arretramento professionale se la sua accusa si rivela infondata o peggio determinata da intenti calunniosi.

Provate a immaginare il funzionario corrotto costretto a guardarsi le spalle da chiunque nel suo ufficio, perfino dalla segretaria. Alla lunga, rischia di diventare onesto per sfinimento.

Allo stesso modo, per il politico corrotto beccato con il dito nella marmellata servirebbe una bella legge che preveda, se condannato, una sanzione pecuniaria salatissima a carico del partito con il quale è stato eletto (oltre che la restituzione del maltolto, naturalmente).

Provate a immaginare il controllo interno costante che scatterebbe dal giorno successivo all'approvazione della legge.

Sia chiaro, non sono così stupido da pensare che esista una formula magica o una regola segreta capace da sola di eliminare tutta la sporcizia.

Credo però che si debba produrre un concreto e reale scontro di interessi. L'interesse personale di chi si fa corrompere deve cozzare contro quello di chi ha un interesse personale a stoppare la sua corruzione.

Pesi e contrappesi.

Una pensione non si nega a nessuno, tranne a chi ne ha davvero bisogno

TORNIAMO di nuovo a Carlo Cottarelli, l'ex commissario alla revisione della spesa. Nel suo rapporto, stilato dopo una lunga analisi delle mance distribuite a pioggia attingendo al pozzo senza fondo della nostra pubblica amministrazione, lo aveva messo nero su bianco: la diffusione territoriale delle pensioni di invalidità appariva palesemente squilibrata, al punto che gli assegni pagati in Calabria in proporzione agli abitanti sono almeno il doppio rispetto a quelli elargiti in Emilia-Romagna. Motivo per cui, secondo Cottarelli, che dopo averci messo tutta la buona volontà ha fatto le valigie e se n'è tornato al Fondo monetario internazionale, è inevitabile pensare che dietro le pensioni di invalidità si nascondano abusi.

Ogni siciliano, calabrese, campano o pugliese lo sa benissimo: gli assegni e le pensioni di invalidità al Sud sono spesso e volentieri un pacchetto regalo, una mancia, una forma di sussidio alla povertà che prescinde dalla povertà, se ne frega dei poveri e finisce nelle tasche degli amici degli amici.

Queste sono verità ricavate dall'esperienza ma a supportarle ci sono anche i dati ufficiali dell'Istituto nazionale della previdenza sociale. L'Inps certifica che in Italia si pagano agli invalidi civili un totale di 2.980.799 «prestazioni», dove per prestazioni si intendono sia le pensioni di invalidità e accompagnamento sia gli assegni per ciechi e sordomuti.

Ora, possiamo anche credere che la sfortuna e le disgrazie colpiscano soprattutto il Mezzogiorno. Ma siamo troppo grandi per le favole, e troppo stufi di essere presi in giro. Quindi leggiamo questi numeri per quello che sono, senza ipocrisie né falso pietismo.

Ebbene, delle 2.980.799 prestazioni di invalidità, ben 1.335.093, ovvero il 44,8 per cento del totale, sono erogate al Sud, dove risiede il 34,4 per cento della popolazione.

Nel Meridione preso nel suo insieme, dunque, il rapporto è di un assegno di invalidità ogni 15,6 abitanti, contro uno ogni 23,5 del resto del Paese.

In buona sostanza, se si volesse mettere il Sud in linea con le altre parti d'Italia, il totale delle prestazioni non dovrebbe superare le 890 mila. Quindi ce ne sono 445 mila di troppo, cioè un terzo.

È chiaro?

Certo, non tutte queste 445 mila prestazioni di invalidità sono false. Chi è nato e cresciuto al Sud sa bene che le condizioni di lavoro, specie in nero, sono spesso diverse e meno sicure che al Nord. Quindi è probabile che una piccola differenza ci possa essere. Ma chi è nato al Sud è anche cresciuto con una mancia dello Stato che non mancava mai.

Quindi continuiamo nello sforzo di guardare in faccia la realtà.

Di fronte a certe voragini fra una parte e l'altra del Paese, il sospetto è più che giustificato. Perché non sarà un caso se in Veneto, Lombardia, Emilia-Romagna si contano 45 pensioni definite «assistenziali» ogni 1.000 abitanti, mentre in Campania sono 84, in Puglia 85, in Sicilia 91, in Sardegna 92 e in Calabria 97.

Si scrive pensione sociale, si legge sussidio assistenziale. Per alcuni esponenti politici sarebbe una forma di riequilibrio per risarcire il popolo del Sud della mancata presenza dello Stato e di adeguate attività produttive. Fatto sta che, negli anni, la spesa pubblica per le pensioni di invalidità ha continuato a galoppare.

Nel periodo fra il 2004 e il 2016 il fiume dell'assistenzialismo si è ingrossato sempre di più, fino a esondare: da 8 miliardi e mezzo a 15 miliardi 400 milioni, con un aumento dell'81,1 per cento. Nello stesso arco di tempo, il numero assoluto delle prestazioni è cresciuto di almeno il 50 per cento, da 1 milione 980 mila ai quasi 3 milioni di cui sopra. E il livello si è alzato soprattutto a causa delle indennità di accompagnamento, che a differenza delle pensioni non vengono calcolate e determinate in proporzione al reddito.

Capita così che, a un certo punto, fra i parenti stretti di trenta consiglieri di uno dei dieci municipi di Napoli si arrivi a contare sessanta pensioni di invalidità. Capita così che ci siano intere famiglie di invalidi. Non due o tre persone, ma venti: marito, moglie, tre figli, due nuore, genero, due zie, nonna, cognata, consuoceri, quattro cugini, altre tre cognate e perfino i nipoti. Tutti invalidi, qualcuno addirittura al cento per cento, perfino tra i più giovani.

C'è da dire che negli ultimi anni si sono registrati numerosi tentativi di contrastare il malaffare mascherato da welfare. Diverse indagini di polizia giudiziaria hanno portato alla luce una miriade di abusi. Nella sola Campania, per esempio, nel 2014 sono stati effettuati 18 mila 846 controlli che hanno portato a galla 5 mila 543 irregolarità e che si sono tradotti nella revoca di altrettante pensioni.

Ma non per questo possiamo cantare vittoria: è solo

un po' d'acqua tirata via con i secchielli da una barca che affonda. Il ministro del Lavoro Giuliano Poletti, appena insediato, promise un taglio drastico delle false pensioni di invalidità. Ma secondo i dati ufficiali dell'Inps, nel periodo successivo, dal gennaio 2015 al gennaio 2016, il loro numero è aumentato di ben 94 mila 997 unità.

Ora guardiamo i risultati di una ricerca realizzata di recente dal presidente dell'Inps Tito Boeri analizzando la spesa per le prestazioni assistenziali, gestita dall'Inps e legata anche a requisiti di reddito. Suddividendo le famiglie che ne beneficiano in dieci decili secondo l'Isee (l'indicatore della situazione economica, che misura reddito e patrimonio) si osserva che tale spesa va per meno di un quarto (il 23 per cento, per la precisione) agli ultimi 4 decili, cioè al 40 per cento delle famiglie più povere. In particolare, solo il 4 per cento della spesa va all'ultimo decile. Mentre il 10 per cento delle famiglie più ricche beneficia del 14 per cento della spesa. E al secondo decile dei più ricchi va, in proporzione, la fetta maggiore dell'assistenza: il 19 per cento.

Avete capito cosa ci ha detto il presidente dell'Inps? Che un terzo della spesa pubblica per prestazioni assistenziali finisce nelle tasche dei ricchi. Quindi non assolve il suo compito, che è quello di aiutare le persone e le famiglie in momentanea difficoltà.

Provate a immaginare tutto l'insieme delle misure di sostegno come un treno che parte dal centro, lo Stato, per raggiungere i destinatari in periferia. Ecco che, arrivato in mezzo alla campagna, tra la boscaglia, i ladri lo prendono d'assalto e si appropriano di ciò che non spetta loro. Quando finalmente il treno arriva a destinazione, coloro che dovevano ricevere gli aiuti e lo aspettano in stazione, ovvero le persone in difficoltà e i poveri, lo trovano vuoto.

Se le pensioni di invalidità sono diventate negli anni una sorta di ammortizzatore sociale, gran parte del merito va ai sindacati.

Quello del sindacalista «è uno dei mestieri meno usuranti e più imponderabili del mondo del lavoro», sentenziò un tempo il professor Alberto Asor Rosa. Alla domanda di un giornalista che gli chiedeva cosa fa un sindacalista, Asor Rosa rispose testuale: «È un mestiere fondato sugli appuntamenti».

I Paesi con le migliori performance economiche sono quelli che danno meno retta alle forze organizzate, sia del lavoro sia dell'impresa. I Paesi con i più alti tassi di sviluppo sono quelli che mettono al centro del mondo solo e soltanto il consumatore. Solo in questo modo chi lavora può godere di beni e servizi a prezzi concorrenziali e accessibili.

I nostri sono sindacati antiquati che ragionano ancora in termini di piazza e di sciopero. Sono sindacati abbandonati dai giovani e da chi lavora. Sono sindacati che rappresentano anziani e pensionati. Sono sindacati che difendono gli sprechi e i fannulloni.

Hanno letteralmente perso il senso della realtà, e sono prigionieri di una vera e propria coazione a ripetere comportamenti del tutto inadeguati. Come in un autunno caldo che non muore mai. Gli scioperi nei trasporti pubblici proclamati sempre nella giornata di venerdì, le braccia incrociate davanti ai turisti a Pompei o al Colosseo. Sono andati avanti così per anni, incapaci di leggere il mondo che cambiava sotto i loro occhi. Hanno percorso fino in fondo una via senza uscita che li ha condotti all'irrilevanza.

Perché dei 5 milioni e mezzo di tesserati, poco meno della metà sono lavoratori attivi, mentre il resto è un popolo di pensionati. I lavoratori atipici, che poi sarebbero i giovani al primo impiego, sono poco più dell'1 per cento. Dal che si capisce quanto siano rappresentate dalle sigle sindacali le nuove categorie del lavoro.

La verità è che per anni il sindacato ha difeso i diritti e spesso i privilegi di chi un posto sicuro ce l'aveva, a discapito di chi era completamente tagliato fuori dal mondo del lavoro. E i risultati si vedono. Ed è anche grazie a loro se oggi nelle aziende trovi giovani precari bravi e determinati, ma pagati una miseria, accanto a lavoratori che svolgono le stesse identiche mansioni ma hanno ben altre garanzie e retribuzioni. Fianco a fianco nello stesso ufficio ma separati da un muro contrattuale, con i sindacati che stanno dalla parte dei protetti.

Certo, la scusa è buona: non bisogna cedere e farsi trascinare al ribasso nella tutela dei lavoratori.

Tutto vero. Ma non bisogna neppure murarsi vivi dentro rigidità che non consentono alcun tipo di cambiamento.

Non può essere tutto no a prescindere: no alla spending review, no a qualsiasi tentativo di riforma.

Non so voi, ma a me ogni volta che sfoglio un quotidiano e leggo certe dichiarazioni dei leader sindacali, o guardo un telegiornale e ascolto le parole dei rappresentanti di Cgil, Cisl e Uil, sembra di sentire un disco rotto che usa un linguaggio del passato. Mentre le nostre vite, con tutte le difficoltà e le paure del caso, sono già in un'altra epoca.

È esattamente la reazione che ho avuto quando ho letto del nuovo direttore della Reggia di Caserta, Mauro Felicori, contestato dai sindacati perché lavora troppo.

Con l'aggravante della motivazione addotta: «Se lui lavora fino a tardi nel suo ufficio, quella parte della Reggia non si può blindare, con il rischio che qualche malintenzionato possa penetrare e magari prenderlo in ostaggio».

Capito? La loro unica preoccupazione è la salute di quel marziano, atterrato disgraziatamente proprio lì con l'illusione di fare il direttore sul serio e di prendersi cura di quel capolavoro dell'architettura che l'Unesco ha dichiarato patrimonio dell'umanità. Un gioiello che, se si trovasse negli Emirati Arabi o a Singapore, anche solo per il fatto di essere la residenza reale più grande del mondo, sarebbe stato valorizzato da una narrazione capace di attirare la crema dell'aristocrazia economica globale.

Invece basta uscire dalla Reggia e fare una passeggiata per Caserta per imbattersi nel chiosco dell'Infopoint rigorosamente chiuso o nella casa dove visse e morì nel 1773 il grande architetto Luigi Vanvitelli: una catapecchia anonima con squallidi infissi di alluminio alle finestre.

L'evasione fiscale si combatte tagliando le tasse

Classi produttive spremute fino all'esaurimento per ridistribuire a pioggia in base a criteri spesso clientelari, lontani dal merito e da uno stato di reale necessità. Espropriazione della ricchezza a prescindere dalla sua origine e provenienza. Questi sono i frutti del legame tossico tra sindacati e politica, che ha lentamente corroso il tessuto sociale del Paese fino a distruggerlo.

In buona sostanza, le imprese che andrebbero premiate per aver raggiunto risultati economici i cui benefici si riflettono su tutta la collettività vengono invece chiamate a pagare il conto della grande abbuffata di Stato.

Ed è un conto abnorme, scandaloso. Siamo di fronte a una sorta di pizzo che lo Stato impone alle imprese. Un vero e proprio socio passivo d'impresa: tu lavori, lui si prende quasi i due terzi dei tuoi guadagni senza fare nulla. Anzi, mettendoti pure i bastoni tra le ruote.

Siamo esattamente all'opposto di un sistema fiscale virtuoso, che incentiva la produzione, riconosce il merito e spinge a impegnarsi per il benessere di tutti.

Tornando all'ultimo rapporto Doing Business della Banca mondiale, il tallone d'Achille del nostro Paese viene individuato proprio nella complessità del sistema fiscale: settore nel quale ci siamo meritati la scoraggiante centoventiseiesima posizione in graduatoria. Siamo dietro il Kenya, precediamo São Tomé e Príncipe. I Paesi con i quali ci facciamo fotografare durante tutti quei vertici internazionali che si concludono sempre con epocali dichiarazioni di intenti sono nella colonna di sinistra della classifica, per dirla in gergo calcistico. Regno Unito (10), Spagna (37), Germania (48), Francia (63).

Secondo la Banca mondiale, le tasse complessive sulle imprese in Italia arrivano al 67 per cento dei ricavi. Siamo in corsa per il record del mondo.

Se si osserva l'ultimo vero periodo di crescita delle economie avanzate, ovvero quello compreso tra il 1995 e il 2007, si scopre che l'Italia è l'unica nazione in cui sia la pressione fiscale complessiva sia quella specifica sulle imprese si sono mantenute costantemente sopra il 40 per cento.

Una morsa a tenaglia che ha costretto il nostro Paese ad arrivare ultimo nella corsa verso la crescita: in quell'arco di tempo, nessun altro Stato avanzato ha fatto registrare un aumento del prodotto interno lordo pro capite scadente come il nostro: 1,3 per cento l'anno.

Spesso i politici e gli analisti di sinistra indicano i Paesi scandinavi come esempi per dimostrare la tesi che un'alta pressione fiscale non impedisce a priori un buon tasso di crescita. In effetti, i dati confermano che nazioni come la Norvegia, la Svezia e soprattutto la Finlandia sono cresciute a una velocità doppia rispetto all'Italia, pur con una pressione fiscale complessiva più alta della nostra.

Ma c'è una gran bella differenza che viene sottaciuta. La maggior pressione fiscale complessiva dei Paesi scandinavi è stata sempre controbilanciata da un peso fiscale sulle imprese molto più leggero. Perché nello stesso periodo in cui crescevano a un ritmo del 3 per cento, questi Paesi del Nord Europa avevano un'imposta societaria inchiodata al 28 per cento. La nostra superava il 42 per cento.

E anche la pressione fiscale complessiva, dopo essere cresciuta di 2 punti percentuali fra il 2011 e il 2012, è poi rimasta sostanzialmente invariata sopra il 43 per cento, oltre 2 punti in più rispetto alla media dell'Unione europea.

Tutto questo negli stessi anni in cui si sono sprecati annunci e promesse puntualmente non mantenute sull'abbassamento delle tasse.

* * *

Esiste, in materia fiscale, una tragicomica prassi tutta italiana: spesso e volentieri si abolisce una tassa cambiandole il nome o l'acronimo per farla crescere di peso.

Vedi l'Ici che diventa Imu, un'imposta municipale che doveva servire a finanziare i comuni, ma si è trasformata in una grossa patrimoniale sulla casa.

Vedi la Tares (tributo sui rifiuti e sui servizi), che prende il posto della Tarsu (tassa sui rifiuti solidi urbani). Qui addirittura la politica compie una specie di miracolo e genera un mostro giuridico, riuscendo a mettere insieme due differenti tributi: la vecchia tassa sui rifiuti e la nuova imposta sui servizi indivisibili dei comuni, ovvero illuminazione pubblica e polizia municipale.

Chiunque mastichi un minimo di diritto amministrativo e tributario ha presente un concetto elementare: tassa e imposta sono due cose diverse. La tassa è il corrispettivo che si paga per il servizio che si riceve, per esempio la raccolta dei rifiuti. L'imposta, invece, non è legata in modo diretto a un servizio o a un'attività dell'ente pubblico.

Tutto questo per dire che, con la Tares, lo Stato italiano è riuscito nell'impresa eccezionale di far convivere sotto lo stesso nome perfino le tasse e le imposte. Un capolavoro.

Sigle, acronimi, giochi delle tre carte, e alla fine il

cittadino non fa altro che pagare tasse su tasse. Alcune consapevolmente, la maggior parte senza neppure accorgersene. Con il risultato che il tenore di vita della sua famiglia ne risente in maniera pesante.

Vi dimostro quello che sto affermando attraverso un esempio concreto ricostruito da *Panorama*. Quella che segue è la storia di ognuno di voi.

Prendiamo un funzionario di banca, Nicola Dainese. Guadagna circa 2 mila 800 euro mensili; la moglie ha lasciato il lavoro per seguire le due figlie, una delle quali frequenta la scuola elementare, mentre l'altra va alle medie. Alla fine dell'anno preso come riferimento, il reddito della famiglia Dainese, che vive nel padovano, supera i 44 mila euro.

Ma bisogna ancora pagare l'Irpef, l'imposta sul reddito delle persone fisiche, che al netto delle detrazioni ammonta a 12 mila euro.

Mano al portafogli e cuore in pace? Col cavolo. Quella del fisco con il cittadino contribuente non è soltanto una battaglia di posizione, tradizionale, in campo aperto, che si chiude con un trattato di pace sotto forma di dichiarazione dei redditi. No, dal giorno dopo l'armistizio, lo Stato comincia a combattere l'altra guerra, quella nascosta.

E, alla fine del giro, lo Stato infila le mani nelle tasche

dei cittadini e porta via loro molti più soldi di quello che sembra.

Torniamo al caso Dainese. Suona la sveglia al mattino, si accende la lampadina sul comodino: prima gabella, nella bolletta annuale di 750 euro per l'energia elettrica, circa 231 se ne vanno tra Iva e addizionale regionale. Quasi un terzo. Intanto è già partito il riscaldamento condominiale: le due voci insieme fanno altri 400 euro di Iva in un anno. Nicola, la moglie e le figlie si accomodano in cucina per la colazione. Il fornello scalda il latte e brucia 125 euro di Iva e addizionale regionale. La stessa sostanza, ovvero l'Iva, è sciolta nella tazza, nell'acqua che scorre dal rubinetto. Perfino sbriciolata dentro ogni singolo biscotto.

Bene, è ora di andare, ognuno nella sua macchina. Nicola si reca al lavoro, la moglie accompagna le figlie a scuola. L'assicurazione è obbligatoria: su 856 euro, 107 se ne vanno per le imposte. Altri 450 euro vanno via per il bollo, una tassa purissima. Poi c'è il carburante, e qui lo Stato fa la voce grossa: 2.200 euro di spesa in un anno, quasi 1.500 tra Iva e accise.

L'Iva, l'Imposta sul valore aggiunto, le bambine impareranno a conoscerla alle superiori. Ma nel frattempo è già in classe con loro, sui banchi, nascosta dentro libri e quaderni.

Le bambine non hanno un telefonino, per una scelta dei genitori di natura educativa e non economica. Ma la famiglia fa il suo dovere anche qui: 110 euro di Iva e tasse di concessione governativa su un totale bollette di 280 euro. Le stesse tasse che si pagano con l'abbonamento internet per fare una ricerca sul web o spedire un'e-mail alle amiche dal computer di casa.

Un colpo di tosse suscita terrore, perché ogni volta che si paga una prestazione medica o si ingoia una compressa, tra gli ingredienti, oltre al principio attivo, ci sono l'Iva e l'imposta regionale.

In totale fanno 18 mila euro l'anno, nel caso dei Dainese di Padova.

Un macigno che trasforma quella che dovrebbe essere una famiglia di classe sociale ed economica medio-alta in un nucleo che si arrabatta e taglia tutte le piccole spese superflue per arrivare alla fine del mese.

E anche i dati annuali Istat confermano il calo del potere d'acquisto delle famiglie.

C'è soltanto una tassa, la più inutile, che viene risparmiata alla famiglia tipo della fu classe media italiana: la tassa di soggiorno.

Un esproprio i cui danni per il sistema economico

italiano superano di gran lunga gli impalpabili benefici che procura ai nostri disastrati conti pubblici.

Per chi la impone, la tassa di soggiorno produce lo stesso effetto della marijuana su un malato di tumore. Mentre per chi la subisce è come essere borseggiati sul tram. Anche se sono pochi euro ti arrabbi, ti senti esposto, non tutelato, preso in giro.

Nessuno riuscirà mai a quantificare la batosta in termini di perdita per il sistema di accoglienza. Mentre abbondano dati e bilanci sui ricavi. Nel 2015, secondo Federalberghi, il totale ha toccato i 430 milioni di euro, e nell'anno successivo quasi certamente avrà proseguito il suo inarrestabile trend di crescita: 162 milioni nel 2012, 248 nel 2013, 337 nel 2014.

I comuni che l'hanno adottata sono stati 735, appena il 9 per cento degli 8 mila comuni italiani. Ma insieme rappresentano il 56 per cento della capacità ricettiva del Paese e fanno registrare oltre il 66 per cento dei pernottamenti di italiani e stranieri. Il 60 per cento dei comuni è situato al Nord, con una prevalenza nel Nord-Ovest, il 20 per cento al Centro e il 21 nel Mezzogiorno. 162 comuni, ovvero il 22 per cento, sono località balneari, 159 montane, 154 collinari. Le città d'arte sono solo 65, ma ci sono praticamente tutte le più grandi.

Analizzando i dati delle città con i maggiori introiti,

le prime quattro messe insieme – ovvero Roma, Milano, Venezia e Firenze – realizzano un incasso complessivo superiore a 238 milioni di euro, oltre il 55 per cento del totale. La leader della classifica, Roma, da sola ha incassato 123 milioni nel 2015: il 29 per cento del totale.

In mancanza di un regolamento governativo che fissi i principi generali dell'applicazione della tassa, ogni comune ha fatto di testa propria. La soluzione più diffusa è quella che la vede legata al numero dei pernottamenti, con la tariffa che varia a seconda della categoria alberghiera. Per esempio, una notte in un hotel a una stella a Montecatini comporta un costo aggiuntivo di 35 centesimi. Mentre a Roma, anziché una detrazione per gli innumerevoli disagi patiti e la qualità spesso davvero scadente delle strutture ricettive a una stella, tocca pagare addirittura 3 euro. Come rubare il panino al turista con lo zainetto.

Una famiglia italiana o straniera (padre, madre, figlio) che in periodo di alta stagione soggiorna in un albergo a tre stelle per due giorni, al momento del check-out si ritrova sul conto una voce aggiuntiva per un totale di 24 euro a Roma, 17,5 a Venezia, 14 a Firenze, 12 a Milano, 8 a Bologna e 6 a Napoli.

Domanda: che fine fanno questi soldi? Come vengono utilizzati?

La legge prevede che vadano destinati «a finanziare interventi in materia di turismo». Una formula talmente generica da far ridere i polli.

Sempre per restare all'indagine Federalberghi, Roma – non solo dal punto di vista dei conti – destina al turismo soltanto il 6 per cento del gettito ricavato dalla tassa di soggiorno. A Firenze sono più furbi, perché in apparenza viene destinato al turismo il 35 per cento del ricavato. Ma tra gli impieghi turistici vengono inseriti anche gli oneri di gestione del trasporto pubblico locale e dei servizi connessi, ai quali va oltre il 30 per cento del gettito.

A Milano viene correttamente indirizzato oltre il 10 per cento degli introiti, mentre il 90 per cento rimanente finisce comunque in attività culturali. Ma Milano è una delle poche oasi nella desertificazione italiana.

Insomma, invece di attirare i ricchi e trovare il modo di farli divertire, spendere e dunque lasciare ricchezza sul territorio, in Italia si preferisce assaltare in modo indiscriminato le tasche dei turisti.

Ma non è finita qui, perché – non contenti della tassa di soggiorno – alcuni hanno pensato di far pagare perfino il transito. E qualcuno c'è addirittura riuscito, come l'ex governatore della Sardegna Renato Soru con la sua tassa sul lusso.

Capite con che tipo di politici sono costretti a confrontarsi gli imprenditori che vogliono investire sul turismo?

Tassare tutto, anche l'aria che respiriamo: questo è il loro credo, il loro modo di procacciare denaro per poi distribuire mance e prebende.

«Se non ci fossero gli evasori, pagheremmo tutti meno tasse. I contribuenti onesti finiscono per pagare per se stessi e per chi scappa dai propri doveri civici...»

Sicuri? Andate a vedere cosa accade ai soldi recuperati con la lotta all'evasione fiscale.

È una storia vecchia e ripetitiva. Viene annunciata in pompa magna l'ennesima stretta contro i cattivi, e dopo sei mesi o un anno vengono pubblicate le tabelle con i dati ufficiali sulle ingenti somme rientrate nelle casse dello Stato. Eppure il cittadino contribuente paga sempre di più.

La verità è questa, nuda e cruda: l'evasione fiscale si combatte soltanto abbassando le tasse. Punto.

Il contribuente diventa onesto nel momento in cui non si sente derubato ma ha la certezza di partecipare alle spese della comunità in una proporzione adeguata al proprio reddito, che dunque non deve mai e per nessun motivo essere superiore a un terzo.

Se domani mattina il presidente del Consiglio annunciasse questo cambiamento epocale agli italiani, sono certo che l'evasione fiscale si azzererebbe quasi del tutto.

Provate a pensare: aliquota unica al 25 per cento. Per tutti. Chi non paga va in galera, perché versare allo Stato un quarto dei guadagni è giusto. Se qualcuno fa il furbo, un imprenditore per esempio, confisca immediata dell'azienda e vendita all'asta. Sono pronto a scommettere che le entrate dello Stato verrebbero moltiplicate almeno per dieci. E ci sarebbe un po' di respiro per chi crea reddito e posti di lavoro.

Invece si è arrivati a un'evasione fiscale che, secondo gli ultimi dati ufficiali, viene stimata in circa 109 miliardi di euro ogni anno.

Avete capito bene, 109 *miliardi*. Tolti i 10 miliardi di contributi non pagati e i 12 miliardi e mezzo tra errori e mancati versamenti nei termini, si arriva più o meno a 86 miliardi di «evasione fiscale consapevole», totale o parziale, frutto della testardaggine del contribuente: non voglio pagare e non pago, fine della storia.

Mi spiego. Tra tutti coloro che riescono a sottrarre questi 86 miliardi alle grinfie dello Stato ci sono 5 milioni 100 mila titolari di partita Iva, che da soli fanno la metà circa della posta. La maggior parte di loro (5.041.800) non supera i 5 milioni di euro di fatturato, quindi si tratta di ditte individuali, bar, stabilimenti balneari, avvocati, dentisti, lavoratori autonomi. Sono la parte più difficile da aggredire, per chi cerca di combattere l'evasione, perché gli eventuali controlli generalizzati ai loro danni avrebbero un costo di partenza superiore rispetto a quello che si conta di recuperare. Quindi la Guardia di Finanza procede attraverso controlli mirati basati sulle banche dati delle Agenzie delle entrate, da cui si ricavano gli indici di rischio. Parte un avviso e, se non si produce un ravvedimento, scattano gli accertamenti.

Poi ci sono le 55 mila imprese classificate come medie, con volume d'affari fra 5 e 100 milioni di euro, che devono essere controllate ogni cinque anni per un preciso obbligo di legge. Infine ci sono le 3 mila 200 grandi imprese con volume d'affari superiore a 100 milioni di euro, che sono soggette al cosiddetto tutoraggio annuale, ovvero un incrocio fra analisi delle dichiarazioni e verifiche sul posto.

Nei primi sei mesi del 2016, la lotta all'evasione fiscale condotta attraverso questi strumenti ha portato alla scoperta di 4 mila 750 evasori totali, ovvero del tutto sconosciuti al fisco.

Questo dunque il quadro del contrasto all'evasione. Ora però bisogna chiedersi: tutto ciò che ho descritto funziona oppure no?

L'evasione fiscale e contributiva in Italia è maggiore che negli altri Paesi avanzati. Il 46 per cento dei contribuenti dichiara un imponibile Irpef inferiore a 15 mila euro l'anno, dato assolutamente non corrispondente alla realtà. L'evasione dell'Iva è tra le più alte d'Europa e sottrae ogni anno 40 miliardi dalle casse dello Stato. E la lotta all'evasione nel 2015, tanto pubblicizzata come vittoriosa, ha portato al recupero di meno di 15 miliardi, dei quali circa 10 derivati da versamenti spontanei in seguito ad accertamenti dietro cui spesso si nascondono errori o dimenticanze, e 4 provenienti dalla *voluntary disclosure* sui capitali nascosti all'estero, che rappresentano una sorta di entrata straordinaria.

Ho evidenziato questo dato perché dimostra ciò che affermo fin dall'inizio: l'evasione fiscale è fuori controllo e il modo in cui viene contrastata è inefficace.

Bisogna avere il coraggio di imboccare strade nuove. La flat tax, per esempio, mi sembra una soluzione interessante. E per l'Italia è una grande opportunità. Ho letto con attenzione la norma, ha due caratteristiche significative: è chiarissima, spiega perfettamente quali sono le regole da rispettare, e non lascia margini ai soliti dubbi di interpretazione.

Ho amici stranieri che potrebbero pensare di trasferirsi in Italia, di prendere la residenza. Gente che ha denaro e, trasferendosi, lascerebbe soldi sul territorio, con vantaggi per tutti. Abitare in Italia in fondo è il sogno di molti: il clima, la bellezza delle città e dei luoghi. Ma da soli ovviamente non bastano: grazie alla flat tax si riuscirà a sprigionare una maggiore forza attrattiva. La norma poi non è vantaggiosa soltanto per le persone ricchissime, ma anche per i benestanti di medio livello, quelli che possono permettersi di pagare una tassa di 100 mila euro.

In ogni caso, non rimane altra via che quella di abbassare le tasse. O si passa di lì o non se ne esce.

Ma non basta. Bisogna anche studiare nuovi modelli. Per esempio quelli elaborati da Luigi Mittone, professore di Economia politica all'Università di Trento, che offrono spunti per un approccio nuovo alla lotta all'evasione.

Mittone sostiene che i contribuenti sono sensibili alla sensazione di essere osservati e al rischio di essere identificati o identificabili. L'autorità fiscale deve comunicare un messaggio positivo, non punitivo. Il cittadino deve sentirsi sostenuto, e questa sensazione gli va trasmessa fin da subito, all'inizio dell'attività, nel momento in cui apre la partita Iva. L'autorità fiscale si deve presentare non tramite un'indagine, ma con una visita di supporto, che produce comunque un effetto deterrente.

Le ricerche di Mittone si sviluppano all'interno del

Laboratorio di economia cognitiva e sperimentale, con la creazione di situazioni artificiali in cui viene simulata la decisione di pagare le tasse.

Hai 10 euro di reddito, devi versare 3 euro di tasse, ma puoi scegliere se farlo o meno sapendo che sei soggetto a verifica. Alla fine, se hai pagato esci e porti a casa 7 euro. Se non lo hai fatto, prendi una multa e rischi di restare con 4 euro.

Una volta riprodotta in laboratorio la scelta di evadere (evadi perché vuoi tenerti i soldi, ma sei consapevole che corri un rischio), Mittone parte con gli esperimenti. Acquisite le fotografie di tutti i partecipanti, comunica che quelle di coloro che verranno scoperti saranno diffuse subito sui computer di tutti gli altri. Risultato: percentuale di evasione ridotta del 25 per cento.

Viene anche offerta la possibilità di comprare all'inizio del gioco il diritto all'anonimato: quindi, se vieni scoperto, la tua foto non verrà mostrata. Risultato: oltre la metà paga ancora prima di aver deciso se evadere.

Da questi studi Mittone ha ricavato alcune teorie. Come i soldati della Prima guerra mondiale, che dopo i bombardamenti si rifugiavano nei crateri perché le bombe non cadono mai nello stesso posto, così i contribuenti subito dopo essere stati indagati dal fisco iniziano a evadere, anche se l'indagine non si era concretizzata in una multa perché era risultato che avevano pagato regolarmente le tasse. Ma in questo caso, quanto più l'indagine avviene precocemente, ovvero nei primi round del gioco, tanto minore e non reiterata nel tempo risulta la propensione a evadere.

Mittone ci sta dicendo che il controllo precoce rende molto più della punizione.

E il contribuente non va mai criminalizzato perché oggetto di un'indagine o di un processo per evasione fiscale, come spesso accade in Italia. Anche perché può succedere che l'inchiesta si sgonfi e il contribuente venga assolto: ma a quel punto i danni non potranno più essere riparati.

La politica galleggia mentre il Paese affonda

L'Italia avrebbe un disperato bisogno di uomini coraggiosi all'altezza della gravità della situazione.

Uomini capaci di assumersi dei rischi e di fare scelte difficili. Invece siamo ostaggio di una classe politica inadeguata, incapace di contrastare i burocrati dell'amministrazione pubblica. Una classe politica che tira a campare, rinvia decisioni fondamentali e governa all'insegna del «domani è un altro giorno e si vedrà».

Valga l'esempio di quei movimenti che difendono le aziende locali in mano pubblica o partecipate, sorgenti inesauribili di clientelismo, inefficienza e sprechi di denaro. Mentre un'antipolitica degna di questo nome dovrebbe piuttosto lottare contro l'onnipresenza dello Stato in ogni momento e in ogni settore della nostra vita. E battersi per uno Stato minimo, snello ed efficace, che si occupi della sicurezza e di pochissimi altri beni pubblici essenziali, lasciando tutto il resto al libero incontro della domanda e dell'offerta.

Invece la politica italiana non sa dove sbattere la testa di fronte al montare dell'antipolitica, e finisce per cercare di contrastarla da posizioni troppo spesso deboli o sbagliate. Vedi la famosa riforma costituzionale poi sotterrata da una valanga di no al referendum, che è stata presentata al Paese enfatizzando l'aspetto dell'abbattimento dei costi della politica, quando invece la sua virtù principale consisteva nella fine del bicameralismo perfetto e in un primo passo in direzione di una maggiore stabilità e di un miglioramento dell'efficacia decisionale del governo.

Perché questo è il punto centrale della questione. È vero che la nostra classe politica spesso e volentieri manca di progettualità, ampiezza di visione e capacità strategica. Ma è altrettanto vero che nel momento in cui arriverà qualcuno che almeno ha un'idea, con questo assetto istituzionale non riuscirà mai a realizzarla.

E fanno ridere quei piccoli professionisti della dichiarazione per i quali le priorità sono sempre altre. E giù con il solito elenco: lavoro, disoccupazione, sostegno alle famiglie...

Non è vero. Perché se chi governa di fatto non ha poteri, siamo destinati a continuare a correre nei sacchi mentre nella corsia a fianco c'è Usain Bolt.

La politica italiana tende a scegliere sempre la soluzione più facile e demagogica, che finisce per accontentare un po' tutti attingendo dal pozzo, non più senza fondo, della spesa pubblica.

E allora ecco che gli organici dell'amministrazione continuano a gonfiarsi per ragioni clientelari, i lavori pubblici continuano a costare dieci volte più del previsto, le grandi opere restano incompiute o diventano cattedrali nel deserto.

Ecco l'eterno rimpallo dei disegni di legge tra commissioni, tra Camera e Senato, una piccola modifica e ricomincia il giro, provando sempre a fare in modo di non dispiacere nessuno.

Ecco i tavoli con i sindacati, perché un contentino bisogna darlo anche a loro.

Ecco le innumerevoli leggi inutili.

Ecco le opposizioni che buttano sabbia nelle ruote di chi governa allo scopo di farlo cadere per andare a comandare senza avere la più pallida idea di cosa fare.

Ecco lo sfilacciamento del tessuto sociale.

L'Italia oggi appare come una gigantesca congrega di sconfitti, di gente che scuote continuamente la testa mentre alza le braccia. Di persone che predicono disgrazie e calamità ma rimangono immobili e si oppongono per principio a qualsiasi tentativo di cambiamento.

È il Paese del no.

C'è la possibilità di organizzare e ospitare le Olimpiadi? Non sia mai! Ci ritiriamo per paura.

Ma è possibile che l'Italia dica no alle Olimpiadi perché ha paura dei palazzinari e di chi farà affari e malaffari? Vi sembra ammissibile?

Allora chiudiamo tutti gli ospedali, visto che è risaputo che sono un bacino inesauribile di mazzette e mazzieri. Blocchiamo la costruzione di strade, autostrade, palazzi, case. Fermiamo tutto.

In un Paese normale si fa esattamente l'opposto: si rafforzano i controlli e i controllori per fare in modo di tenere alla larga i mascalzoni.

Le Olimpiadi di Roma avrebbero dovuto rappresentare una prova di maturità, una gigantesca dimostrazione del saper fare, del «si può fare». Una spinta propulsiva per una nazione in ginocchio, uno sfoggio di maturità davanti a tutto il mondo.

Invece il Paese-Italia ha scelto di non mettersi in gioco, piuttosto che provare ad alzare l'asticella.

Non c'è male peggiore della rassegnazione.

Gli effetti a lungo termine di un grande evento come un'Olimpiade non sono assolutamente misurabili con la partita doppia. Basta andare a vedere cosa successe dopo i Giochi di Roma del 1960. Una data spartiacque che segna l'inizio del cosiddetto miracolo italiano. Il Paese si rimette in moto e si scrolla di dosso l'immagine perdente che gli ha lasciato la Seconda guerra mondiale.

Nel medagliere generale saliamo sul podio, dietro l'Unione sovietica e gli Stati Uniti. Diventiamo la terza potenza mondiale, almeno nello sport.

Uno studente universitario torinese ventiduenne, Livio Berruti, porta sulla pista olimpica dei duecento metri tutta la nuova classe media e la conduce alla riscossa, alla medaglia d'oro, alla conquista della lavatrice e della Cinquecento.

Il Paese non si fermerà più. *La dolce vita* di Fellini conquista la Palma d'oro a Cannes, a Milano viene inaugurato il grattacielo più alto d'Europa, il Pirellone, e l'autostrada del Sole accorcia le distanze anche economiche tra Nord e Sud.

Qualcuno ha scritto che non potevamo assolutamente permetterci le Olimpiadi di Roma 2024. Ma negli anni Sessanta stavamo forse meglio di adesso? Gli italiani erano per la maggior parte un popolo di analfabeti, un operaio guadagnava 45 mila lire al mese, salario che Togliatti definiva il più basso dell'Occidente. I lavoratori erano costretti a fare le valigie di cartone e a emigrare all'estero, le tensioni sociali erano fortissime.

C'era soltanto una grande differenza rispetto all'Italia

di oggi. Quello era un Paese che guardava avanti. Ha scritto Enzo Biagi: «Chissà se è un'impressione, ma guardando l'immagine dell'inaugurazione, il 25 agosto 1960, dei Giochi della XVII Olimpiade di Roma, o quella di Livio Berruti che trionfa nei duecento, sembra che fossimo tutti più felici. O più sereni, forse speranzosi».

Oggi si è persa perfino la speranza.

L'Italia deve decidere se vuole essere un Paese arretrato oppure un Paese avanzato. E un Paese che vuole progredire e che mira al benessere costruisce il ponte sullo Stretto. Punto.

Parigi e Londra sono unite da un tunnel che attraversa la Manica, la Danimarca costruisce ponti con la Svezia. Non esiste ragione per cui l'Italia non debba congiungere la Calabria e la Sicilia.

Andrebbe fatto subito, e i lavori dovrebbero iniziare già domani mattina. Senza perdere troppo tempo in calcoli su costi e ritorni economici. Nessuno ha mai perso il sonno a calcolare svantaggi e benefici per la statua della Libertà a New York o la torre Eiffel a Parigi.

Anche il ponte sullo Stretto sarebbe un simbolo. I ponti servono per accorciare le distanze, sono un emblema di progresso e uno stimolo a superare l'arretratezza.

Certo, c'è la mafia pronta a mettere le mani nel barattolo della marmellata. Ma vale lo stesso discorso appena fatto per le Olimpiadi di Roma.

Non costruirlo per paura della mafia vuol dire arrendersi alla mafia, riconoscerne la potenza e il predominio.

La secessione di Milano

PER fortuna c'è Milano. Quanti avrebbero scommesso sul successo di Expo?

Ritardi, inchieste, polemiche. Milano non ha alzato bandiera bianca per paura. Ha deciso che bisognava combattere fino all'ultimo respiro. Ed è andata bene, benissimo.

Alla faccia di chi pensava di misurare la buona riuscita di una manifestazione universale come Expo con la quantità di biglietti venduti.

Milano ha vinto la sua partita, ha cambiato faccia, è riuscita a liberare tutte quelle energie positive che l'hanno portata oggi a diventare la terza città preferita al mondo per lo shopping di altissimo livello.

Proprio così: la terza città al mondo.

Nel 2016 Milano ha superato perfino Londra ed è salita sul gradino più basso del podio, dopo Parigi e

New York, nella speciale graduatoria di chi gira il mondo per spendere cifre spudorate nell'acquisto di beni di lusso.

La ricerca viene realizzata ogni anno da Boston Consulting-Fondazione Altagamma e mette il sigillo a una realtà che chi vive la città conosce benissimo: Milano è una destinazione sempre più cool, come afferma il 60 per cento dei cinesi e il 52 per cento dei russi, dei brasiliani e dei coreani.

Era quinta nel 2014, ha scalato una posizione nel 2015 e una ancora l'anno dopo. Questo per dire che Expo può aver dato una spinta all'inizio della risalita, ma la tenuta del 2016 lascia pensare che siamo di fronte a qualcosa di più organico.

La conferma arriva dall'incrocio con i dati elaborati dalla Camera di commercio. Anche nel 2016 sono cresciuti il tasso di occupazione delle stanze d'albergo e gli investimenti in città dei brand del lusso. I fatturati di bar e ristoranti hanno raggiunto cifre record.

Ma vi pare forse che la Milano che riesce ad attrarre i ricchi, quelli che saltano su un aereo per fare shopping in via della Spiga e in Montenapoleone, sia una città votata al consumismo più becero?

Non credo di fare torto a nessuno se dico che il fermento artistico e l'offerta culturale che viaggiano tra il

Piccolo Teatro, Palazzo Reale, la Scala, i musei e i cinema, sono di un livello superiore alla media italiana.

La movida, le discoteche e gli alberghi di lusso non uccidono l'arte, le tradizioni, la cultura. Anzi, sono dei finanziatori occulti.

E, visto che siamo in tema, sfatiamo qualche altro banale luogo comune.

Le ultime ricerche sul mercato del lusso, in particolare riguardo agli acquisti degli ultra high-net-worth individual, ovvero le persone con patrimonio netto superiore a 50 milioni di dollari, evidenziano un minor interesse verso lo shopping sfarzoso e una modalità di spesa che tende a una soddisfazione diversa dal semplice sfoggio di opulenza.

In un mondo dove le distanze si sono accorciate e tutto è interconnesso, i super ricchi hanno cambiato il loro modo di consumare: non solo perché è aumentata la loro disponibilità economica, ma anche perché possono dedicare più tempo allo shopping.

Oggi in tutto il pianeta si contano 128 mila persone con un patrimonio netto superiore a 50 milioni di dollari. Gli Stati Uniti dominano il ranking mondiale, con 63 mila ultra high-net-worth: il 41 per cento del totale. L'Europa ne conta 31 mila (29 per cento), l'Asia 26 mila (12 per cento).

Queste persone non vi piacciono perché pensate che in pochi detengano la maggior parte della ricchezza, mentre le classi medie di tutto il mondo sono scivolate nella povertà? Bene, turatevi il naso e fate in modo di portargli via un po' di soldi. Voi ne avete bisogno, loro sono disposti a spendere. Siete voi che dovete trovare il modo di unire i due poli.

Come dicevo, con il passare del tempo il loro modo di spendere è cambiato: meno sfoggio, più ricerca di pezzi unici, artigianali.

La parola «artigianali» vi dice qualcosa?

Siamo per caso noi la patria dell'artigianato? Dei maestri di bottega e delle tradizioni lavorative tramandate di generazione in generazione?

E allora vogliamo continuare a piangerci addosso o ci decidiamo a rimboccarci le maniche?

Fate voi. Forse siamo ancora in tempo, forse non è troppo tardi per cambiare rotta.

Sappiate che la torta è grande, e ce ne sarebbe per tutti.

La spesa per i prodotti di lusso acquistati all'estero rappresenta circa il 30 per cento dei ricavi mondiali del settore, con un aumento annuo medio del 3,5 per cento.

Spero sia sufficientemente chiaro il contributo in termini di fatturato che i turisti del lusso apportano ai brand nei Paesi di destinazione. Addirittura, i russi effettuano all'estero il 70 per cento del proprio shopping.

Ribadisco un concetto sul quale voglio insistere: c'è gente che gira il mondo per spendere. Bisogna semplicemente indirizzare le loro scelte d'acquisto.

Il Paese-Italia ha anche uno straordinario vantaggio: non deve inventarsi nulla. Deve soltanto valorizzare l'esistente, renderlo funzionale, accattivante, accessibile.

L'esempio vicino da studiare e seguire c'è già, e si chiama Milano. Una delle più grandi capitali del terziario a livello europeo.

Il problema è che, mentre in questi anni il gap fra Milano e Parigi si è ridotto, la distanza fra sant'Ambrogio e santa Rosalia è aumentata sempre più.

Milano si è messa a correre, le altre parti d'Italia sono rimaste ferme.

Seguire Milano, però, vuol dire soprattutto reprimere quella mentalità conservatrice radicata nelle nostre classi dirigenti per colpa della quale, potendo scegliere, all'innovazione e all'efficienza si preferisce il favore e la clientela.

Quante volte sentiamo gli amministratori locali ripetere come fosse un mantra il ritornello per cui la politica deve dare priorità al territorio? Che poi vuol dire soltanto distribuzione scriteriata di risorse inutili.

La politica deve dare priorità al merito. Non deve riconoscere altro dio all'infuori del merito.

Dicevo delle classi dirigenti. È proprio qui che si è consumato il distacco tra Milano e il resto del Paese. È questa la chiave del mutamento: la non sudditanza alla politica, il livello di apertura internazionale della città, la capacità dei suoi manager di essere parte di un tessuto globale in fermento creativo. E su questo, come ho detto all'inizio, una spinta propulsiva e irradiante è arrivata da Expo, che ha sprigionato energia positiva, facendo diventare la città un vero e proprio hub di creatività, conoscenza, innovazione.

Un flusso che ha investito in pieno le stesse élite della borghesia e degli affari, trascinandole verso una nuova dimensione pubblica nella quale la reputazione e l'immagine internazionale contano molto di più rispetto alla ricchezza ammuffita.

Il simbolo di questo processo di crescita è piazza Gae Aulenti, dove ogni milanese porta il visitatore venuto da fuori per godersi la sua espressione meravigliata.

Un «Oooh!» lungo quanto la distanza che separa Milano dal resto d'Italia.

La ricchezza non è una colpa, viva la ricchezza

Se Milano è troppo lontana per alcune realtà del Sud, che rigettano qualsiasi spinta a uscire dai binari per esplorare nuove strade, si guardi almeno alla Basilicata, che in questi ultimi anni quantomeno ci sta provando.

Nel 2015 il suo prodotto interno lordo ha fatto registrare un tasso di crescita straordinario: più 5,5 per cento. E il Pil pro capite ha superato di gran lunga tutte le altre regioni del Meridione: 19 mila 807 euro, contro i 17 mila della Campania e i 16 mila di Puglia e Calabria.

La Basilicata è un caso da studiare con attenzione. La rete ferroviaria ha ancora il 94 per cento di linee a binario unico, ma all'improvviso, negli ultimi anni, ha cominciato a succedere di tutto.

Nel 2011, la regista, sceneggiatrice e attrice statunitense Sofia Coppola è venuta a sposarsi a Bernalda, il paesino che domina la pianura di Metaponto con vista sul mar Ionio dal quale, nel 1904, il suo bisnonno Agostino era partito con la valigia di cartone in cerca di fortuna negli Stati Uniti. Sofia e suo padre, il celebre regista Francis Ford Coppola, che l'ha accompagnata all'altare, sono stati circondati dall'affetto di tutta la cittadinanza, scesa in piazza per ringraziare con calore la loro scelta di tornare nel Paese d'origine.

Inoltre, Matera è stata dichiarata capitale europea della cultura per il 2019 e, accanto ai tradizionali bed and breakfast, sono apparsi i primi grandi alberghi. Il petrolio estratto nel sottosuolo è arrivato a coprire i due terzi della produzione nazionale, la nuova Fiat oggi Fca di Melfi ha continuato a sfornare jeep e, grazie al campus della casa automobilistica dove si sperimentano i prototipi, ha potuto attrarre numerosi ingegneri arrivati anche dal Nord Italia.

Petrolio, auto, innovazione, ricerca, cultura, accoglienza più qualificata: la Basilicata cresce perché diversifica, perché non si fa spingere da un solo volano di sviluppo. Se fosse rimasta alla contemplazione dell'aria buona e del ritmo rallentato, sarebbe ancora lì a piangere.

I tempi sono cambiati. Bisogna osare, esplorare territori sconosciuti, prendersi dei rischi.

Perché chi dice che, quando la crisi sarà passata, tutto tornerà come prima e ricominceremo a ballare e a cantare o non ha capito un bel niente o sta raccontando favole.

Il mondo che troveremo all'uscita del tunnel non sarà lo stesso che abbiamo lasciato. E non c'è protezionismo che tenga, non c'è ritorno alla sovranità degli Stati che ci possa riportare indietro nella storia. Sono tutti slogan buoni per raccattare quattro voti ma totalmente disconnessi dalla realtà.

L'Italia che uscirà dalla crisi, quando ciò avverrà, non vedrà riaprire i negozi che hanno abbassato la saracinesca in tutti questi anni. Dovrà studiare, progettare, realizzare un sistema di distribuzione completamente diverso, perché le fabbriche che sono state smantellate non riapriranno più. Se sarà stata brava, nasceranno altre unità produttive, più efficienti, in grado di competere nei nuovi mercati. Non potrà più permettersi un gigantesco spreco di denaro pubblico in pensioni baby e d'oro, come è successo negli anni del boom economico e del più grande debito pubblico del mondo. L'uscita dalla crisi non sarà un punto d'arrivo, ma una buona piattaforma sulla quale costruire il futuro di questo Paese.

E non ci si potrà più portare dietro il fardello del debito pubblico. È un problema che va affrontato e risolto, se si vuole tornare a essere un Paese normale, che guarda avanti e scommette su se stesso senza alibi.

Gli economisti Alberto Alesina e Francesco Giavazzi hanno affrontato la questione senza andare troppo per il sottile e hanno concluso che esistono soltanto due modi possibili per ridurre questo debito.

Il primo consiste nel tassare la ricchezza privata attraverso un'imposta patrimoniale, che per avere un minimo di efficacia dovrebbe essere molto elevata. E qui credo che non ci sia bisogno di ribadire il mio pensiero sulla leva fiscale.

Il secondo consiste nel ridurre il peso e lo spazio che lo Stato occupa nell'economia italiana. In una parola, privatizzare.

Anche l'aria che respiriamo, mi verrebbe da aggiungere.

Vendere tutto: mobili, immobili, imprese. Lo Stato esca dalle imprese che controlla facendo grossi danni per poi presentare puntualmente il conto ai cittadini contribuenti.

A parole siamo d'accordo, tutti convergono sulla diagnosi e sulle misure urgenti da adottare per invertire la rotta. Ma basta abbozzare il primo tentativo di passare dalle teorie ai fatti, ed ecco che si scatena la solita pantomima: quell'azienda non può essere assolutamente venduta per il suo alto valore strategico, quell'altra è fondamentale ai fini dei supremi interessi nazionali, e quell'altra ancora non può che restare italiana...

Alla fine, siccome non si riesce a privatizzare, si torna a spremere i contribuenti e gli imprenditori attraverso le tasse.

Dietro questo modo di procedere si cela una malattia culturale tipicamente italiana: l'idea della ricchezza come colpa.

Indro Montanelli diceva che «quando un italiano vede passare una macchina di lusso, il suo primo stimolo non è averne una anche lui, ma tagliarle le gomme».

Quanta saggezza e quanta verità nelle parole del giornalista toscano. E quanta ipocrisia nelle parole della stampa che oggi, per esempio, bacchetta il cantante Fedez perché pubblica sui social network una foto della propria piscina costruita in cima a un grattacielo. O nella valanga di commenti degli idioti che, nella giungla di quegli stessi social network, danno libero sfogo alla loro invidia sociale insultandolo e facendogli la solita stucchevole lezioncina sulla ricchezza che non va mai ostentata.

Tutto è ostentazione. Anche la foto con la teglia di lasagne sulla spiaggia di Mondello a Palermo. La verità è che questo moralismo nasconde una concezione della ricchezza come privilegio di cui vergognarsi e una visione del mondo come diviso tra buoni e cattivi: il ricco sempre tendenzialmente malvagio, il povero per definizione campione di virtù. Il primo si deve scusare per il solo fatto di essere ricco, mentre il secondo è raffigurato con l'aureola.

Questo vizio culturale va eliminato. Il nostro Paese non potrà rialzarsi e ricominciare a camminare, fino a quando sarà tenuto in ostaggio da questi sacerdoti della mediocrità.

Devo aggiungere altro? Sì: la risposta che Sonia Bruganelli ha scritto dopo che è stata letteralmente massacrata per aver pubblicato una fotografia su Instagram. Uno scatto che la ritraeva a bordo di un aereo privato, diretta a Formentera con il marito Paolo Bonolis e i figli.

Secondo me, le parole di Sonia andrebbero ritagliate e incorniciate: «So benissimo che se condivido sui social la mia vita mi espongo alle critiche. Non intendo cambiare linea adesso. Non pubblicherò mai un selfie mentre mi faccio la maschera per il viso, né di me che preparo la minestra. Se scelgo di guardare un bel film è perché voglio sognare. Applico lo stesso principio ai miei contenuti. [...] Non pubblico mai foto di ospedali per far leva sulla compassione. Viaggio in prima classe e, finché potrò farlo, noleggio l'aereo privato: di questi tempi non mi sembra assurdo. Sarebbe ipocrita pretendere che chi è benestante cambi tenore di vita. [...] Non voglio mostrarmi diversa da come sono».

I migliori scappano

Alla fine c'è chi prende quattro stracci, li mette dentro una valigia e parte.

Ma su questo punto cruciale per l'Italia, vorrei procedere con ordine. Prima vediamo chi se ne va, poi cerchiamo di capire chi rimane.

Nel 2015 sono stati 107 mila 529 i connazionali che hanno lasciato il nostro Paese. Andando a verificare i registri dell'Anagrafe degli italiani residenti all'estero (Aire), si contano 6 mila 232 persone in più rispetto all'anno prima: un incremento del 6,2 per cento.

Fissatevi bene in testa questo dato: la maggior parte di coloro che se ne sono andati ha un'età compresa fra i 18 e i 34 anni. Le regioni da cui partono sono soprattutto la Lombardia e il Veneto. La destinazione preferita, secondo il rapporto «Italiani nel mondo 2016», è la Germania. Che, secondo uno studio condotto dal segretariato del

Commonwealth britannico su 138 nazioni, risulta il Paese migliore nel quale andare a vivere. L'Italia è in trentasettesima posizione, superata da quasi tutti i Paesi europei e perfino da alcuni in via di sviluppo come Cile, Colombia, Malesia e Costa Rica. Nelle graduatorie specifiche, la Germania occupa la prima posizione per partecipazione politica, la seconda per opportunità di lavoro, l'ottava per livello di istruzione, la ventottesima per salute e benessere, la trentasettesima per partecipazione civica. Nelle prime dieci posizioni, dopo la Germania troviamo Danimarca, Australia, Svizzera, Regno Unito, Olanda, Austria, Lussemburgo, Portogallo e Giappone.

Dall'Italia se ne vanno i liceali, spesso sfuggendo alla stretta di genitori troppo protettivi e apprensivi, con la scusa di andare a studiare la lingua all'estero. Se ne vanno gli studenti dopo l'esame di maturità per iscriversi a un'università straniera, dove spesso e volentieri brillano per capacità e risultati. Se ne vanno i laureati, centinaia ogni anno, per andare a fare un dottorato. Vanno via soprattutto se le loro discipline di riferimento sono scienze fisiche, matematica, informatica. Se ne vanno gli scienziati e i medici, per andare a lavorare nei centri di ricerca o negli ospedali in Svizzera, Germania, Stati Uniti e Canada.

Certo, se ne vanno anche molti giovani disoccupati

senza arte né parte. Arrivano a Londra, Berlino, New York, trovano un lavoro da cameriere o lavapiatti, sopportano sacrifici enormi, turni massacranti, alla fine spesso fanno carriera e diventano manager di ristorante o chef.

E adesso analizziamo la situazione dei giovani in Italia. Partiamo dal tasso di disoccupazione, che nella fascia d'età fra i 15 e i 24 anni ha raggiunto il livello record del 40 per cento. Tra il 2000 e il 2015, ben 3 milioni 300 mila persone fra i 15 e i 34 anni hanno perso la propria occupazione. Con il Sud Italia precipitato in fondo a ogni classifica europea sulla condizione giovanile nel mercato del lavoro.

Stando a un'indagine Eurostat, il 70 per cento dei giovani italiani tra i 18 e i 35 anni vive ancora con i genitori. Addirittura, la metà di quelli nella fascia d'età 25-35 anni non rinuncia alle cure della mamma, sebbene il 40 per cento di loro abbia un lavoro.

Qualcuno, in passato, li ha definiti *choosy* e bamboccioni. Ma la realtà è molto più complessa.

La prima ragione per la quale non lasciano la casa dei genitori è che non guadagnano abbastanza da potersi permettere una sistemazione indipendente. E su questo, mi pare che siamo tutti d'accordo. Anche perché gli studi comparati confermano una realtà che constatiamo tutti i giorni: i nostri trentenni detengono il record dei meno pagati nel mondo occidentale. Secondo una ricerca fatta dal quotidiano britannico *Guardian*, che ha incrociato i numeri del Luxembourg Income Study sui redditi internazionali, negli ultimi venticinque anni gli stipendi degli italiani sono crollati del 19 per cento. I nostri laureati sono fra i più poveri d'Europa: sotto di noi ci sono soltanto la Spagna, il Portogallo e la Grecia. Coloro che hanno solo la licenza elementare e media, in compenso, possono vantare salari più alti rispetto alla media europea: siamo allo stesso livello della Germania. E anche gli stipendi dei diplomati sono quasi sempre superiori alla media europea: la Germania è davanti a noi, ma la Francia è dietro.

Il problema, dunque, sta nel confronto fra i laureati: qui l'Italia affonda. A riprova di un mercato del lavoro tenuto in ostaggio da una massa di lavoratori anziani, con un basso livello di istruzione, che continua ad aumentare in proporzione rispetto al totale a causa del rinvio dei pensionamenti.

Troppe lauree poco efficaci nel mercato del lavoro, troppe università mediocri. Sfogliando l'ultimo rapporto Svimez, l'Italia risulta tra i Paesi europei che investono meno sui propri studenti: circa 10 mila dollari rispetto ai 13 mila della Spagna, ai 15 mila della Francia e ai 17 mila della Germania.

Dal 2001 al 2015, le risorse pubbliche complessivamente erogate per il sistema universitario si sono ridotte del 17 per cento. I giovani non hanno fiducia nelle nostre università, che continuano a perdere appeal: soltanto il 42 per cento degli studenti che hanno terminato la scuola secondaria si immatricolano nei nostri atenei, a fronte del 70 per cento in Spagna e del 60 per cento in Germania e Regno Unito.

Pochi iscritti, troppi laureati fuori corso e con scarse esperienze sul campo fatte negli anni degli studi. Questa è la fotografia impietosa: il livello di istruzione in Italia è molto più basso rispetto alla media europea.

Nel 2016, il 40 per cento dei nostri studenti universitari si è laureato in materie umanistiche o in giurisprudenza, soltanto il 29 per cento in ingegneria e chimica.

Siamo all'ultimo posto della graduatoria europea nella quota di spesa pubblica destinata all'istruzione: 7,9 per cento contro una media del 10,2.

Il 98 per cento dei nostri studenti non impara soltanto l'inglese, ma anche una terza lingua, spesso il francese. Eppure, soltanto il 16 per cento degli italiani parla due lingue, contro il 21 per cento della media europea, mentre il 40 per cento non ne parla nessuna.

Nel nostro Paese quasi un ragazzo su sette lascia la scuola con, al massimo, un titolo di terza media. Tra gli

Stati membri, fanno peggio di noi soltanto la Spagna, Malta e la Romania.

Troppi giovani non fanno alcuna esperienza nelle imprese durante la formazione tecnica e professionale. Troppi giovani si siedono presto e non sono disposti ad affrontare grossi sacrifici, lontano da mamma e papà. Si iscrivono all'università più vicina a casa, piuttosto che a quella migliore ma più distante. Preferiscono guadagnare 500 euro al mese rimanendo a vivere nella loro cameretta con la mamma che pulisce, stira e prepara da mangiare, piuttosto che mettersi in gioco, tagliare il cordone ombelicale e trasferirsi in un'altra città dove possono guadagnare fino a 1.000 euro pagandone 500 di affitto.

E poi una buona volta bisognerà dire che il famoso pezzo di carta fine a se stesso serve a poco o nulla. Che occorre pensare alla prospettiva, che passa sempre attraverso il lavoro. Sia chiaro, non sto dicendo che i giovani non devono studiare, dico però che se uno inizia a fare l'idraulico a 18 anni, magari dopo dieci anni può avere anche quaranta negozi. Che si può trovare una strada in modi diversi. Che ci si può affermare partendo da zero. Bisogna concentrarsi su quei lavori che fanno intravedere una prospettiva di sviluppo. Oggi tutto ciò che è manuale rende molto, perché nessuno lo vuole fare. Penso al falegname, al cameriere, al cuoco.

Solo a Milano si contano circa 7 mila avvocati, come in tutta la Francia. Perché è considerata una professione attraente, mentre il cameriere no. Poi vai a vedere quanto guadagna un giovane avvocato e ti accorgi che porta a casa una miseria, mentre conosco camerieri che guadagnano molto di più, perfino 5-6 mila euro netti al mese. Noi abbiamo uno stipendio minimo per i camerieri, sia a Dubai sia a Montecarlo: più di 2 mila euro netti al mese, casa pagata. Con le mance arrivano almeno a 3 mila. E uno chef bravo può guadagnare anche 350 mila euro l'anno.

Certo, il curriculum conta. Eccome. Ma più di tutto conta la volontà di intraprendere, di fare, di mettersi in gioco. Sempre.

L'Italia ricominci a pensare in grande

Se l'Italia non vuole il benessere, allora è a posto così.

Se invece vuole rialzare la testa, deve ricominciare a pensare in grande e cambiare mentalità.

Tutto il resto verrà di conseguenza e in modo naturale. Ma il nodo da sciogliere è innanzitutto culturale.

Bisogna prendere tutti i pregiudizi contro i ricchi e contro la ricchezza che vengono instillati fin da bambini, farne un bel mucchio e accendere un falò.

Il denaro non è il male, i ricchi non sono disonesti, i ricchi non sono evasori fiscali.

Questi luoghi comuni producono danno, infondono invidia sociale, inclinazione alla rinuncia, vocazione alla sconfitta.

Io non vivo male la ricchezza. È il povero che vive male la povertà.

Io non devo la mia condizione alla fortuna. Per niente. Io sono uno che da sempre si fa un gran mazzo, come la maggior parte dei ricchi. La ricchezza è figlia dell'intelligenza e del lavoro, non della dea bendata.

La ricchezza è mentalità, abilità, sangue freddo, coraggio, intelligenza. Togliete a un ricco la sua fortuna, dategli un anno e sarà più ricco di prima.

Donald Trump ha perso milioni e milioni di dollari nella sua vita, ha costruito, ha fallito, ha rasentato la bancarotta. Non si è arreso, si è rialzato, ha vinto.

E fino a quando continuerete a liquidare il fenomeno Trump o il successo di Berlusconi (ma anche di qualsiasi altro grande imprenditore) come figlio di rapporti oscuri, affari loschi, giri poco raccomandabili, sarete destinati a fallire in tutto ciò che farete.

Secondo alcuni recenti sondaggi, il 76 per cento degli italiani pensa che le grandi fortune economiche siano frutto di disonestà, corruzione, evasione fiscale, immoralità. E il 73 per cento pensa che siano solo una questione di fortuna.

Non è vero. È tutto falso. È un miscuglio nocivo di preconcetti e fanatismo.

Potrei citarvi decine di casi di persone che hanno vinto alla lotteria e sono cadute in rovina. Qualcuno è finito in galera, qualcuno è tornato a fare il cameriere, qualcuno addirittura si è suicidato. Hanno perso tutto perché hanno creduto che il denaro servisse per spendere.

Non è così. Per il vero ricco, il denaro è una risorsa. Il vero ricco è parsimonioso, controlla attentamente entrate e uscite. Sono pochissimi i veri ricchi spendaccioni.

Questa mentalità distorta costituisce un muro invalicabile sulla strada che porta al successo in qualsiasi campo della vita.

Scavalcatelo, abbattetelo, fate qualcosa.

Se questo Paese non vuole il benessere, la crescita e la ricchezza, allora è perfetto così. In caso contrario, bisogna cambiare testa e passo. E bisogna farlo in fretta.

Non c'è più tempo da perdere.

Finito di stampare presso ELCOGRAF S.p.A.
Stabilimento di Cles (TN)
Printed in Italy